✳ ✳ ✳ NIÑOS ✳ ✳ ✳ CIENTÍFICOS

HISTORIAS VERDADERAS DE LA INFANCIA DE LOS

GRANDES CIENTÍFICOS

LAS TRES EDADES

Y DIJO LA ESFINGE:
SE MUEVE A CUATRO PATAS POR LA MAÑANA,
CAMINA ERGUIDO AL MEDIODÍA
Y UTILIZA TRES PIES AL ATARDECER.
¿QUÉ COSA ES?
Y EDIPO RESPONDIÓ: EL HOMBRE.

Título original:
Kid Scientists: True tales of childhood from Science Superstars
© Quirk Productions, 2018
All rights reserved
Publicado originalmente en inglés por Quirk Books, Filadelfia, Pensilvania
Negociado con Ute Körner Literary Agent, S. L. U.,
Barcelona - *www.uklitag.com*
© De la traducción, Ana Doblado Castro
Diseño de la colección: Gloria Gauger
© Ediciones Siruela, S. A., 2026
c/ Almagro 25, ppal. dcha.
28010 Madrid. Tel.: + 34 91 355 57 20
Fax: + 34 91 355 22 01
www.siruela.com
ISBN: 978-84-10415-73-7
Depósito legal: M-21.648-2025
Impreso en Macrolibros
Printed and made in Spain

Papel 100% procedente de bosques gestionados
de acuerdo con criterios de sostenibilidad

NEIL DEGRASSE TYSON   JANE GOODALL   ALBERT EINSTEIN   KATHERINE JOHNSON

NIÑOS CIENTÍFICOS

HISTORIAS VERDADERAS DE LA INFANCIA DE LOS

GRANDES CIENTÍFICOS

RELATOS DE *DAVID STABLER*   ILUSTRACIONES DE *ANOOSHA SYED*

TRADUCCIÓN DEL INGLÉS DE *ANA DOBLADO CASTRO*

SALLY RIDE   MARIE CURIE   BENJAMIN FRANKLIN   NIKOLA TESLA

Siruela

Las Tres Edades   Nos Gusta Saber

Índice

Introducción

El pintor Pablo Picasso dijo en una ocasión que cada niño es un artista. Es igualmente cierto que cada niño es un científico. El trabajo de un científico consiste en hacerse preguntas y buscar respuestas: ¿quién hace eso mejor que un niño? Los científicos empiezan preguntándose el porqué y luego averiguan el cómo.

Puede que no te suenen los nombres de todos los científicos de este libro, pero gracias a ellos conocemos la gravedad, el ADN, la materia oscura y los agujeros negros; la corriente alterna, el cálculo y la programación informática. Y el ser humano ha caminado sobre la Luna. Pero, antes de que estos científicos hicieran grandes descubrimientos, fueron niños normales y corrientes, con curiosidad por el mundo que los rodeaba.

¡ESPERO QUE ESTE TELESCOPIO MEREZCA LA PENA!

A algunos les encantaba mirar al cielo por la noche, como a Neil deGrasse Tyson. Se dedicó a pasear perros para ganar dinero para comprar su primer telescopio.

Y Vera Rubin, que descubrió la materia oscura, solía pasar despierta toda la noche contemplando lluvias de meteoros desde la ventana de su cuarto.

A algunos niños les encantaban los animales y la naturaleza, como a Jane Goodall. Antes de vivir entre los chimpancés en Tanzania, horrorizaba a su madre guardando lombrices bajo la almohada.

De niño, a George Washington Carver también le fascinaba el mundo natural. ¡Quería tanto a las plantas de su jardín que les hablaba!

NO OS PREOCUPÉIS, ROSAS. CON UN POCO DE SOL Y DE LLUVIA OS PONDRÉIS MEJOR.

Otros niños querían saber cómo funcionaban las cosas, así que las desmontaban y construían todo tipo de artilugios. Mucho antes de descubrir la gravedad, Isaac Newton construyó un molino que giraba movido por un ratón.

Y el primer invento de Benjamin Franklin fue un par de aletas que le permitían nadar más rápido.

APARTE DE MI APORTACIÓN A LA CONSTITUCIÓN Y LA INVENCIÓN DEL PARARRAYOS, CREO QUE ESTE ES MI MAYOR LOGRO.

BENJAMIN FRANKLIN

Fantásticas ALETAS FRANKLIN

Las cosas que estos niños hacían por diversión, ya fuera mirar las estrellas, coleccionar gusanos o construir juguetes, acabarían convirtiéndose en la base de extraordinarios descubrimientos. Jugar, meterse en líos y hacer montones de preguntas son algunas de las cosas más importantes que puede hacer un niño. También son algunas de las mejores formas de desarrollar una mente curiosa y científica.

¿Quién sabe? Todo el mundo empieza por poco, pero, trabajando con empeño y soñando a lo grande, ¡puede que te conviertas en el próximo gran científico!

PRIMERA PARTE

ALCANZAR LAS ESTRELLAS

CONSTELACIONES, TELESCOPIOS CASEROS Y PLANETARIOS.

ANTES DE QUE ESTOS **FUTUROS CIENTÍFICOS** aprendieran los secretos del *ESPACIO EXTERIOR* (¡E INCLUSO VIAJARAN A ÉL!), les encantaba observar EL cielo nocturno.

Katherine Johnson

Cuenta conmigo

Los cálculos de Katherine Johnson, una brillante mujer afroamericana de Virginia Occidental (Estados Unidos), ayudaron a que el hombre llegara a la Luna. Con el apoyo de su familia y la orientación de sus maestros, pudo desarrollar sus extraordinarias dotes matemáticas. Tuvo que hacer frente a los prejuicios raciales, pero se convirtió en una de las heroínas de la carrera espacial.

Mucho antes de que sus cálculos ayudaran al astronauta Neil Armstrong a dar sus primeros pasos en la Luna, Katherine se dedicaba a contar cuántos pasos había en el patio de su casa de White Sulphur Springs.

Y eso no era lo único que contaba. «Lo contaba todo», recodaría Katherine después. Contaba los pasos desde la puerta de su casa hasta la calle, los pasos desde su casa a la iglesia del centro de la ciudad y el número de platos, tenedores y cuchillos que tenía que fregar después de la cena. «Contaba todo lo que se pudiera contar».

El amor de Katherine por los números crecía con la edad. Es probable que heredara su habilidad de su padre, Joshua Coleman, un granjero que había dejado el colegio a los doce años. A pesar de su falta de educación formal, Joshua era un genio de las matemáticas. Podía mirar a un árbol y decir inmediatamente cuántos tablones se podían sacar de su madera; le bastaba hacer los cálculos en su cabeza.

Como se arrepentía de haber dejado los estudios tan pronto, Joshua siempre insistió a su hija y a los tres hermanos mayores de esta acerca de la importancia de la educación. La madre de Katherine, Joylette, era maestra, y compartía el entusiasmo del padre. Lo que Katherine pudiera conseguir en la vida —y las chicas afroamericanas no tenían muchas oportunidades cuando ella era niña, en la década de 1920— sabía que comenzaría en el aula.

Cuando era aún muy pequeña, Katherine empezó a seguir a su hermano mayor hasta la escuela de dos aulas donde estudiaba. Al principio, los profesores no la dejaban entrar. Pero cuando averiguaron que ya sabía leer —a una edad en que muchos niños aún estaban aprendiendo a andar— le permitieron asistir a la escuela de verano.

Katherine hizo grandes progresos y, cuando le correspondió al fin empezar primaria, se saltó el primer curso y comenzó directamente en segundo, justo antes de cumplir los seis años.

Katherine siguió impresionando a sus maestros. Levantaba la mano a menudo para hacer preguntas. Pero a veces, cuando aquellos se daban la vuelta desde la pizarra, ya no estaba en el aula. La encontraban en la clase de al lado: había ido a ayudar a su hermano mayor con los problemas de matemáticas.

Ser inteligente es genial, pero no siempre era fácil para Katherine ser el cerebrito de la familia. Todas las tardes, ella, su hermano y dos hermanas se sentaban en la mesa de la cocina a hacer los deberes. Cuando

Katherine acababa, tenía que ayudar a los demás a terminar los suyos.

Pero sin duda ser inteligente tenía sus ventajas. Cuando Katherine iba a hacer quinto, le permitieron saltar un curso y empezar sexto. De este modo, ya había saltado dos años ¡y estaba un curso por delante de su hermano mayor! Su progreso parecía imparable.

Sin embargo, un futuro incierto le aguardaba al final del año escolar. En aquel tiempo, el estado de Virginia Occidental estaba segregado por razas. En la ciudad de Katherine los estudiantes blancos podían continuar con la enseñanza secundaria, pero no había opciones de ir más allá del sexto grado para los niños afroamericanos como ella. Lo esperable es que se pusiera a trabajar como criada o ama de llaves.

Sin embargo, el padre de Katherine tenía otros planes. Conocía una escuela en la localidad de Institute, a 190 km de casa, donde su hija podría continuar su educación. Costaría un montón de dinero, pero Joshua decidió enviar a Katherine, su madre y sus tres hermanos mayores a Institute al comenzar el siguiente curso.

Joshua tenía pensado trasladar a la familia de vuelta a White Sulphur Springs en las vacaciones de verano. Para pagar todos los traslados, buscó un segundo trabajo como conserje en el Greenbrier, un famosísimo complejo turístico de lujo de su ciudad.

Gracias al sacrificio de su familia, Katherine no tuvo que interrumpir sus estudios. De hecho, sacó tan buenas notas que pudo empezar el instituto con tan solo diez años.

Los profesores del nuevo colegio de Katherine enseguida se dieron cuenta de su gran capacidad de aprendizaje. Al final de una larga jornada en el aula, el director del instituto, Sherman H. Gus, acompañó a Katherine a su casa. Por el camino, le señaló varias constelaciones en el cielo. Aquel fue el primer contacto de Katherine con la astronomía, la rama de la ciencia que un día cambiaría su vida.

Al acabar el curso, Katherine volvió a casa. Trabajó como doncella en el hotel Greenbrier, donde era conserje su padre. En los siguientes veranos limpió habitaciones, lavó ropa y sirvió a los huéspedes ricos y famosos que se alojaban allí.

Estuvo en el hotel una elegante mujer francesa, una condesa, que se pasaba horas hablando por teléfono con sus amigos de París. Mientras arreglaba la habitación de la condesa, Katherine se quedó embelesada por el sonido de la lengua francesa.

Cuando la condesa se dio cuenta de que la doncella escuchaba sus conversaciones, no se enfadó. En vez de ello, llevó a Katherine a la cocina del Greenbrier y le ordenó al chef que la enseñara a hablar francés como una nativa. Katherine no tardó mucho en aprender los rudimentos del idioma.

A pesar de dominar las matemáticas, haber empezado a aprender francés y conocer algo de astronomía, a Katherine le faltaba mucho por estudiar. Con catorce años se graduó en el instituto y obtuvo una beca completa para el West Virginia State College.

Algunos niños podrían sentirse intimidados por la idea de ir a la universidad a una edad tan temprana, pero ella no. Se había criado en la acera de enfrente del campus y ya conocía a la mayoría de sus compañeros de clase. «Yo era la niña novata en la clase de los novatos y no me trataron de manera distinta al resto», diría más tarde.

En la West Virginia State, una universidad históricamente negra, Katherine tuvo la suerte de encontrar profesores que comprendían lo que era ser la alumna estrella. Tuvo una profesora muy especial, Angie Turner King, una de las primeras mujeres afroamericanas que logró un doctorado en Educación Matemática. Al igual que Katherine, la doctora King se graduó en el instituto con catorce años. Se pagó la universidad sirviendo mesas y fregando platos. Vio que ella y Katherine tenían mucho en común.

Durante su segundo año en la universidad, asistió a una asignatura impartida por William Claytor, otro pionero matemático afroamericano. El profesor Claytor tenía fama de ser muy duro. En su clase garabateaba ecuaciones furiosamente en la pizarra y las borraba a la misma velocidad. Muy pocos alumnos eran capaces de seguirle sus clases; Katherine era una de ellas.

Un día, después de clase, el profesor Claytor le dijo a Katherine que sería una buena matemática. Era todo lo que necesitaba oír: Katherine aceptó el reto de destacar en un campo que ofrecía escasísimas oportunidades a muchachas afroamericanas como ella.

En 1937, con dieciocho años, se licenció en Matemáticas. Siguiendo el ejemplo de su madre, se puso a trabajar como maestra en un colegio, se casó y formó una familia. No obstante, cuando surgió la oportunidad de trabajar para lo que un día se llamaría NASA, la agencia espacial de los Estados Unidos, Katherine no la dejó escapar.

Katherine formó parte de un equipo de mujeres afroamericanas extraordinarias cuyos cálculos ayudaron a la NASA a llevar al primer astronauta a la Luna en 1969. En 2015, como reconocimiento a su contribución al programa espacial estadounidense, Katherine Johnson recibió la Medalla Presidencial de la Libertad.

Vera Rubin

La chica
galáctica

¿El universo gira? Si lo hace, ¿a qué velocidad? Fascinada por las estrellas desde siempre, la astrónoma Vera Rubin buscó la respuesta a estas preguntas, que se planteó por primera vez mientras en su cuarto infantil miraba por un telescopio casero.

«**Me hice astrónoma** por mirar al cielo», dijo Vera Rubin en una ocasión. Más que los libros, más que los profesores, fue su propia capacidad de asombro lo que hizo que Vera quisiera estudiar las estrellas de mayor. Pero, antes de llegar hasta ahí, tuvo que enfrentarse a los recelos de la gente en su camino para convertirse en una de las pioneras en su campo.

Vera Rubin nació el 23 de julio de 1928 en Filadelfia, Pensilvania (Estados Unidos). Su hermana mayor, Ruth, era su mejor amiga. Sus padres, Rose y Philip Cooper, trabajaban en la Bell Telephone Company de Filadelfia. Rose calculaba las distancias kilométricas para las líneas telefónicas particulares. Philip era ingeniero eléctrico.

Cuando era pequeña, los padres de Vera la llevaron a la Morse School of Engineering de la Universidad de

Pensilvania. Entre los objetos científicos que se exponían, había un aparato llamado generador de Van de Graaff, una gran bola de aluminio montada sobre un pedestal que genera electricidad estática. Cuando Vera tocó la bola, ocurrió algo inesperado: ¡saltaron chispas azules y se le puso el pelo de punta!

Poco tiempo después, Vera visitó otro lugar importante de Filadelfia, el Franklin Institute. Este museo de ciencias y centro educativo lleva el nombre de Benjamin Franklin, uno de los residentes más famosos de la ciudad. A Vera le fascinó de inmediato el caleidoscopio en el que se podía entrar, una sala con espejos y luces de colores que la hizo sentir como si estuviera en otro planeta.

Vera empezó a pensar cómo funcionaba el caleidoscopio. Y decidió hacer uno ella misma con materiales corrientes. Al llegar a casa, buscó en la cocina un tubo de metal y encontró un artilugio que su madre usaba para glasear tartas. Luego Vera cortó tres trozos de cristal pulido y los pegó dentro del cilindro; le servirían como reflectores interiores. Cuando alzó su obra hacia la luz… ¡tenía un caleidoscopio! No era el espectáculo de luz más increíble que hubiera visto, pero funcionaba.

ES CASI COMO VER FUERZAS DESCONOCIDAS EN ACCIÓN EN EL UNIVERSO.

Cuando Vera tenía diez años, la familia se trasladó a Washington D. C. por el trabajo del padre. Como en su nueva casa había poco espacio, Vera y Ruth compartían cuarto y una cama doble, cosa esta de la que ninguna de ellas se alegraba. Para mantener su privacidad, las chicas trazaron una línea imaginaria por el centro del colchón. La mitad de la cama de Vera daba a la ventana, por la que se divisaba el cielo del norte.

Desde este «pequeño porche acristalado», como lo llamaba ella, podía observar la trayectoria de las estrellas durante la noche. Se quedaba extasiada con las constelaciones. Pronto descubrió que por el movimiento de las estrellas podía saber la hora y también hacerse una idea del movimiento de la Tierra.

A veces Vera veía meteoros atravesando la oscuridad. Cuando se producían estas «lluvias», causadas por rocas del espacio (meteoroides) que orbitan en torno al Sol, se quedaba levantada toda la noche para observar las «estrellas fugaces». Aunque su madre la regañara, en general los padres de Vera permitían que su hija practicara su nueva afición.

Mientras contemplaba estos espectáculos celestes, Vera memorizaba la ruta que seguía cada meteoro. Por la mañana, dibujaba un mapa y registraba todas sus observaciones.

Tras unos meses de mirar las estrellas a simple vista, Vera decidió que necesitaba un telescopio que la ayudara a ver con más claridad. Pero los telescopios son caros. Solo podía permitirse comprar la lente. El resto decidió que tendría que construirlo ella.

De modo que fue al centro en autobús y se dirigió a una tienda donde vendían suelos de linóleo. Convenció al dueño para que le diera uno de los tubos de cartón en los que venía enrollado el linóleo. Luego, con ayuda de su padre, fijó la lente en un extremo del tubo y miró a través de él Su telescopio casero no era el mejor, pero era el mejor que podía hacer con lo que tenía a su disposición.

Cuando Vera cumplió catorce años, le pidió a su padre que la llevara a una reunión de un club local de astrónomos aficionados. Allí asistió a una conferencia de un astrónomo famoso llamado Harlow Shapley, que había usado sus observaciones del movimiento de las estrellas para calcular el tamaño de la Vía Láctea. Con aquella charla Vera terminó de convencerse de que la astronomía podía ser algo más que una afición; algún día podría ser su carrera. Desde entonces, ella y su padre acudieron a las reuniones mensuales del club.

Vera también empezó a sacar de la biblioteca libros de astronomía y le habló a una amiga de la familia, Goldie Goldberg, de su interés por las estrellas. Una noche, Goldie y su esposo llevaron a Vera y su hermana a Virginia en su coche descapotable. Con el techo abierto, contemplaron las estrellas. Goldie le enseñó a Vera los nombres de las constelaciones, que nunca antes había oído: Osa Mayor, Orión, Pegaso y otras.

Goldie también le habló a Vera de las propias aspiraciones científicas de su infancia. Ella quería ser ingeniera, pero en aquella época la Universidad de Pensilvania no admitía mujeres en la Escuela de Ingeniería, así que tuvo que licenciarse en Magisterio. Por primera vez, Vera se dio cuenta de que podía encontrar obstáculos en su camino para convertirse en astrónoma.

En el instituto Vera siguió estudiando astronomía de todas las formas que pudo. En sus trabajos, fuera cual fuera la asignatura, trataba de elegir temas relacionados con las estrellas, el espacio o el universo. Cuando se graduó, Vera sabía exactamente lo que quería estudiar en la universidad. Gracias a sus buenas notas, obtuvo becas en distintas universidades. Solo tenía que decidir a cuál quería ir.

Al principio consideró la opción del Swarthmore College, en Pensilvania. Pero entonces el responsable de las matrículas le sugirió que optara por una carrera más «femenina», como pintar las estrellas y los planetas en vez de estudiarlos. (Después de aquello, cada vez que alguien le ponía un obstáculo en el camino, Vera llamaba a un miembro de su familia y bromeaba: «¿Alguna vez ha pensado en dedicarse mejor a la pintura?»).

A pesar de la falta de estímulos, Vera se negó a dejar que las opiniones injustas y anticuadas de la gente sobre el hecho de que las chicas estudiaran ciencias la desanimaran a la hora de perseguir su sueño.

También la habían admitido en Vassar, una universidad femenina de Nueva York. En Vassar tendría la oportunidad de estudiar con Maria Mitchell, la astrónoma más destacada de los Estados Unidos.

Vera pensó que esa era la mejor opción para ella, pero, cuando le enseñó a su profesor de física del instituto la carta de admisión, este se limitó a mostrar rechazo por su elección.

«Lo mejor que puedes hacer es mantenerte alejada de las ciencias», le dijo.

Vera no escuchó su consejo. En el otoño de 1945 se marchó a Vassar. Cuatro años más tarde se convirtió en el único miembro de su clase —hombre o mujer— que se licenciaba en Astronomía.

Vera regresó a Washington D. C. con su esposo, Bob Rubin, un estudiante de química al que había conocido en unas vacaciones de verano. Continuó trabajando, enseñando y estudiando las estrellas hasta su muerte, en 2016, a los ochenta y ocho años de edad. Entre sus muchos hallazgos científicos, Vera desarrolló la teoría de que las galaxias giran del mismo modo que lo hacen los sistemas solares, y de que hay una fuerza invisible, llamada «materia oscura», que rige los movimientos del universo.

Al principio, muchas de las ideas de Vera Rubin eran controvertidas, pero con el tiempo otros científicos han comprendido que tenía razón. «Que los astrónomos sigan usando mis datos dentro de muchos años será mi mayor halago», dijo una vez. Estén o no de acuerdo con sus hallazgos, los astrónomos de todo el mundo tienen una enorme deuda con una mujer que abrió el campo a nuevas voces y nuevas ideas.

Sally Ride

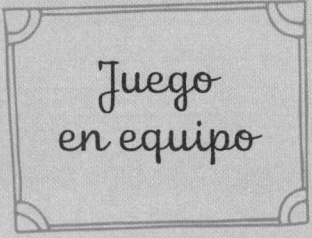

**Juego
en equipo**

Atleta por naturaleza, que estuvo a punto de dedicarse al tenis profesional, Sally Ride dejó los deportes por la ciencia. Pero nunca perdió el deseo de ganar ni la determinación de ser la mejor. Era un miembro valioso en cualquier equipo en que estuviera, ya fuera en una cancha o en un transbordador espacial. Sally hizo historia al convertirse en la primera mujer americana en el espacio.

Para ser una astronauta pionera hay que ser una persona tenaz. Ya cuando era un bebé, Sally Ride tenía muy claro lo que quería… y lo que no.

La primera palabra que dijo fue «no». No había cuna que pudiera retenerla mucho tiempo: salía trepando enseguida. Ni silla que la mantuviera atada en el coche: en los viajes familiares por carretera Sally saltaba desde el asiento delantero al trasero, gritando como su héroe de los dibujos animados.

Sally nació en 1951 en Encino, California (Estados Unidos). Su madre, Carol, era hija de inmigrantes llegados de Noruega, que habían hecho fortuna montando una cadena de cines y boleras. Su padre, Dale, era profesor universitario. Sally tenía una hermana menor, Karen, a la que llamaban Bear («osa»).

Dale y Carol Ride pensaban que lo mejor era dejar que sus hijas exploraran el mundo sin demasiadas reglas ni restricciones. «Dale y yo simplemente olvidamos decirles que había cosas que no podían hacer», explicó Carol Ride en una ocasión sobre su estilo de educación.

Desde muy temprano Sally tuvo muy claro lo que le gustaba hacer y lo que no. «Si a Sally le interesaba un tema, le dedicaba toda su atención», señalaba su madre. «Si no le interesaba, lo ignoraba». Un año, Carol intentó convencer a Sally de que diera clases de piano, pero desistió cuando su hija expresó claramente lo que pensaba sobre tocar un instrumento:

Tampoco las tareas escolares llamaban su atención. Era una niña callada y tímida, y no le gustaban la

36

mayoría de las asignaturas. Le parecía especialmente horrible la asignatura labores del hogar. ¡Qué asco le daba tener que cocinar y comerse un guiso de atún a las ocho de la mañana!

Una cosa con la que sí disfrutaba era con la lectura. Su casa estaba siempre llena de libros, que devoraba desde los cinco años. Sus personajes favoritos eran Superman, Nancy Drew y James Bond.

A Sally también le gustaba leer periódicos, sobre todo la sección de Deportes. Cada mañana llevaba a su padre corriendo hasta el quiosco para hacerse con la primera edición de *Los Angeles Times* y enterarse de los resultados de los partidos de béisbol del día anterior. Dibujaba con ceras a sus jugadores favoritos y memorizaba todas sus estadísticas.

En cuanto a los deportes, el *softball* era su favorito, aunque también le gustaban el fútbol y el fútbol americano. Siempre la elegían la primera cuando se formaban los equipos. Incluso los niños que nunca elegían a niñas cambiaban de opinión cuando veían jugar a Sally. En una ocasión, en un partido de *softball* un niño trató de robar la segunda base mientras Sally jugaba de lanzadora. Ella giró sobre sus talones para pillarlo y le lanzó la pelota con tanta fuerza que le rompió la nariz.

Cuanto más rápido y más peligroso fuera el deporte, más le gustaba a Sally. Solía aterrorizar a los vecinos del barrio con su conducción temeraria: primero con su carrito, luego con un triciclo y finalmente con la bicicleta. También le gustaba nadar, remar, patinar, tirarse en trineo y montar en poni.

Una aventura distinta aguardaba a Sally cuando cumplió nueve años. Sus padres decidieron pasar un tiempo viajando por Europa. De modo que vendieron la casa, sacaron a Sally y a Bear del colegio y cargaron sus pertenencias en un barco con rumbo a los Países Bajos. Los Ride pasaron el siguiente año recorriendo Europa en una furgoneta, con Sally haciendo de las veces de navegador.

Sally y su hermana visitaron varios países y experimentaron sus costumbres y cultura. Al final de cada día, sus padres les preguntaban por lo que habían aprendido sobre la historia de cada lugar.

Sally montó en ferri por primera vez en Dinamarca, hizo su primer muñeco de nieve en Austria y recibió su primera clase de esquí en los Alpes suizos. Empezó a coleccionar sellos y llenó cuatro álbumes con estampillas de temática deportiva de distintos países. También comió *Wiener schnitzel* por vez primera (el escalope vienés se convirtió en su comida favorita). Sally escribió un diario de sus viajes en un cuaderno de cuero rojo.

De vuelta en California, había aprendido tanto que le permitieron saltarse un curso. Pero estaba tan adelantada que el colegio la aburría más aún. En clase se pasaba el tiempo mirando a las musarañas, esperando a que sonara el timbre. Una profesora la apodó «la vigilante del reloj». Sally respondía que no tendría que mirar tanto al reloj si las clases no fuesen tan aburridas.

SALLY, ¿CUÁNTO ES NUEVE ENTRE TRES?

MMMMM, TRES ESCALOPES VIENESES.

Tampoco había variado, durante el año que pasó en el extranjero, la pasión de Sally por el deporte. Empezó a coleccionar cromos de béisbol y siguió memorizando estadísticas. Incluso soñaba con jugar un día como campocorto en Los Angeles Dodgers. Sin embargo, cuando empezó a fijarse en el fútbol americano, sus padres decidieron que debían intervenir. Temiendo que este deporte fuera demasiado peligroso, los Ride la recondujeron hacia el tenis.

Sally había jugado al tenis durante su viaje por Europa, así que no necesitó mucho estímulo para

EL TENIS ES MUCHO MENOS PELIGROSO QUE EL FÚTBOL AMERICANO.

retomar este deporte con renovado entusiasmo. Pronto empezó a pasar todo su tiempo libre lanzando la pelota de tenis contra la puerta del garaje de su casa. Consiguió ser tan buena tan deprisa que empezó a jugar partidos con adultos, a los que ganaba.

Sus padres la animaron a que se dedicara al tenis como carrera. Incluso contrataron a Alice Marble, una antigua número uno mundial, para que le diera clases particulares. Pero a Alice le costaba controlar a Sally. «¡Tengo cincuenta años!», gritaba la leyenda del deporte cada vez que Sally, con sus doce años, le lanzaba una pelota como un trallazo y no la alcanzaba.

«Tenía que andar esquivándola como loca», recordaría Alice más tarde. Incluso la madre de Sally tuvo que dejar de jugar con ella, porque ya no podía responder a los saques atómicos de su hija.

Cuando terminó secundaria, Sally era una tenista no profesional con un puesto en el *ranking* nacional.

Competía en torneos por todo el país y consiguió una
beca deportiva en la prestigiosa Westlake School for
Girls, en California. Acumuló tal cantidad de trofeos
que su madre empezó a usarlos como soperas, bandejas
para dulces, sujetalibros y pisapapeles.

El destino de Sally parecía ser convertirse en una
estrella del tenis… hasta que descubrió otro tema cuya
atención empezó a competir con las raquetas y las
pelotas.

Mientras asistía a Westlake, Sally cursó una
asignatura de Fisiología, que es la rama de la biología
que trata de los seres vivos y de cómo funcionan. A
Sally le fascinaron aquella clase y su profesora,
Elizabeth Mommaerts.

La profesora Mommaerts introdujo a Sally en el
método científico; le enseñó a realizar experimentos
diseñados para demostrar o rebatir teorías sobre el
funcionamiento de los organismos.

Por fin había encontrado Sally una materia académica que le interesaba tanto como el deporte. Aunque no dejó de seguir los resultados del béisbol en el periódico, también se suscribió a la revista *Scientific American*. Incluso les pidió a sus padres que le compraran un telescopio. Por la noche, lo arrastraba hasta el jardín delantero y observaba su constelación favorita, Orión, o buscaba los anillos de Saturno y se los mostraba a su hermana Bear.

Sally se graduó en la Westlake School entre las seis mejores alumnas de su clase. Entonces tuvo que tomar una decisión: convertirse en una tenista profesional o dedicarse al estudio de la ciencia.

Durante un tiempo pareció que el tenis se imponía. En la universidad, Sally ganó un par de campeonatos e incluso la leyenda del tenis Billie Jean King la animó para que se hiciera tenista profesional.

Sin embargo, Sally se dio cuenta de que se le daba mucho mejor la ciencia que el tenis. Sin duda, podía golpear fuerte la pelota, pero no podía controlarla del modo en que podía controlar un experimento en el laboratorio. «Simplemente, Sally no podía hacer que la pelota fuera exactamente donde ella quería», explicó su madre. «Y ella no se conformaba con algo que no fuera lo bastante excelente».

LOS PLANETAS PARECEN GRANDES PELOTAS DE TENIS...

Finalmente, Sally decidió dejar los deportes de competición en favor de la ciencia. Seguía corriendo 8 km diarios, jugaba al *rugby* y se mantenía muy en forma. Pero, en vez de ganar torneos de tenis, se propuso un objetivo bien distinto: convertirse en la primera astronauta de los Estados Unidos.

Después de realizar un doctorado en Física en la Universidad de Stanford, Sally entró en la NASA en 1978 y no dejó de ascender. Al igual que en la cancha, siempre era de las primeras a las que elegían para formar un equipo.

En 1983, Robert Crippen, el responsable de la misión del transbordador espacial Challenger, le pidió a Sally que se uniera a su tripulación para su segunda salida al espacio. «Quería un ingeniero competente que mantuviera la calma en situaciones de tensión», dijo Crippen. «Sally había demostrado esa cualidad».

El 18 de junio de 1983 Sally hizo el primero de sus dos vuelos históricos a bordo del Challenger. En total, pasó más de 343 horas en el espacio, superando a las demás mujeres de su época. La tenista de golpes prodigiosos convertida en una loca de la ciencia había elegido su camino hacia la excelencia y lo recorrió hasta llegar a las estrellas.

Neil deGrasse Tyson

¡Mira al cielo!

Un viaje simulado al espacio transformó la vida de un niño del Bronx, Nueva York, que vivió desde entonces fascinado por las estrellas, lunas, planetas y soles. Ese niño era Neil deGrasse Tyson. Cuando creció, llevó esa pasión a las aulas y a la televisión, y se convirtió en uno de los divulgadores científicos más queridos.

Una noche estrellada, en el otoño de 1957, cuando Neil deGrasse Tyson tenía nueve años, su vida cambió para siempre. En medio de un enorme anfiteatro abovedado, las luces se atenuaron y una sonora voz anunció:

BIENVENIDOS AL ESPACIO. ESTOS SON LOS ASTROS.

Los cometas pasaban veloces. Los planetas giraban. La Luna crecía y aparecían las constelaciones. Un meteoro se volatilizaba, dejando tras de sí un rastro brillante. Sentado en la oscuridad, Neil estaba fascinado por el espectáculo de luces celestes: nunca había visto nada parecido.

Aquella fue la primera visita de Neil al Planetario Hayden de la ciudad de Nueva York (Estados Unidos), y su primer contacto con las maravillas de la astronomía, la ciencia que estudia el espacio.

Cuando se encendieron las luces, Neil cayó en la cuenta de que lo que acababa de ver no era más que una asombrosa simulación proyectada en la cúpula del anfiteatro. Pero había despertado su interés y encendido su imaginación. En ese lugar y en ese momento decidió que quería seguir a las estrellas el resto de su vida.

«El estudio del universo sería mi carrera», diría más tarde, «y ninguna fuerza terrestre podría detenerme». A partir de entonces, cuando alguien le preguntaba qué quería ser de mayor, Neil decía con orgullo:

Lo que parecía un viaje de mil años luz no era en realidad más que un breve trayecto en metro. Neil se crio en Nueva York, no muy lejos del Planetario Hayden, en el barrio Castle Hill del Bronx. Más tarde vivió en Riverdale, en los Skyview Apartments (¡qué apropiado!). Neil era el segundo de tres hijos. Sus padres eran ambos funcionarios del Gobierno.

Neil iba a un colegio público y no destacaba en su clase. Una profesora se quejaba en su boletín de notas de que Neil debería pasar menos tiempo socializando y más estudiando. «Su hijo se ríe demasiado fuerte», le señaló otro maestro a la madre de Neil en una tutoría.

Pero hubo una profesora que vio potencial en el chico. Sabía que a Neil le interesaban las estrellas y los planetas. De modo que, cuando vio un anuncio en el periódico de una clase de astronomía en el planetario, lo recortó y se lo dio.

La visita al planetario dejó a Neil con la sensación de que el universo lo llamaba para que lo estudiase. Pero todavía no sabía cómo. Entonces, un día su amigo Phillip le prestó unos prismáticos.

«¿Qué se supone que debo hacer con esto?», le preguntó Neil. «¿Mirar por las ventanas de la gente?».

«¡No, tonto!», dijo Phillip. «¡Mira al cielo!».

Y, cuando Neil lo hizo, vio un nuevo mundo maravilloso. Aquella noche, usó los prismáticos para observar la Luna, hipnotizado por los gigantescos cráteres de su superficie. Aumentada por los prismáticos, la Luna dejaba de ser un simple círculo en el cielo: era otro mundo esperando a ser explorado.

A los once años, sus padres le regalaron su primer telescopio. Era pequeño, pero infinitamente más potente que los prismáticos. Ahora Neil podía ver los planetas más allá de la Luna. Hasta el remoto Saturno, sobre cuyos majestuosos anillos Neil había leído, parecía estar al alcance de su mano.

¡VEO AL HOMBRE EN LA LUNA!

LO CIERTO ES QUE SOY SATURNO.

Neil nunca se cansaba de su nueva afición. De hecho, su fascinación por el universo pronto hizo que su telescopio de principiante se le quedara pequeño. Necesitaba un instrumento más potente. Pero eso costaba dinero y sus padres no andaban sobrados.

Decidido a tener un telescopio mejor, Neil se ofreció para sacar a pasear a los perros de su vecindario. Con el tiempo, ganó más o menos la mitad del dinero que necesitaba, y sus padres aportaron el resto.

¡ESPERO QUE ESTE TELESCOPIO MEREZCA LA PENA!

El nuevo telescopio de Neil era una preciosidad: un tubo de un metro y medio que «parecía un cruce entre un cañón y un lanzagranadas», como lo describió Neil en una ocasión. Venía con un largo cable extensible que había que enchufar. Neil compró también una cámara de alta tecnología para poder fotografiar lo que veía en el cielo.

Una noche, subió el telescopio a la azotea de suelo alquitranado que había en lo alto de su edificio para probarlo. Un dentista que vivía unos cuantos pisos más abajo le dejó a Neil enchufar el telescopio en su casa. Pero un niño que va por ahí arrastrando telescopios y cámaras puede resultar extraño. Otro vecino lo vio, pensó que era un ladrón y llamó a la Policía.

Llegaron dos agentes y se plantaron en la azotea para asegurarse de que Neil no se traía nada malo entre manos. Él les aseguró que su expedición era por puro interés científico y los animó a que miraran por el telescopio mientras les contaba cosas de los planetas:

No les quedó más remedio que asentir. Aquello era asombroso.

Neil prosiguió sus investigaciones astronómicas en los años siguientes, hasta que consiguió que lo admitieran en la prestigiosa Bronx High School of Science. El verano en que cumplió los quince, se apuntó a un campamento en el Planetario Hayden, donde había empezado su aventura. Pasó un mes estudiando las estrellas y hablando del universo con científicos.

También hizo un curso con el director del planetario, Mark Chartrand III, que se convirtió en su primer modelo a imitar. El profesor Chartrand utilizaba ejemplos divertidos para hacer que las ideas científicas complejas fueran comprensibles para todos. Neil conserva aún el certificado que le dieron por completar aquel curso, firmado por el profesor Chartrand.

Al volver del campamento, a Neil le pidieron que diera una charla a cincuenta adultos. Le contó a su audiencia todo lo que había aprendido en el planetario. Los patrocinadores de la charla le pagaron 50 dólares, más dinero en un solo día del que nunca había ganado. «¡Esto es más de cien paseos de perro!», se maravilló Neil, pensando en su antiguo trabajo.

La charla de Neil fue tan juiciosa y cuidada que otros astrofísicos empezaron a fijarse en él. Carl Sagan, un conocido astrofísico que presentaba el programa de televisión *Cosmos*, escribió una carta pidiéndole a Neil que considerara la opción de estudiar en la Cornell University, donde él daba clases. Neil estaba muy impresionado por el profesor Sagan, cuyos programas y libros conseguían que cosas como los cuarks y los agujeros negros parecieran tan chulos como los cómics y los videojuegos.

Al final, Neil rechazó la oferta del profesor Sagan y optó por estudiar en la Universidad de Harvard. No obstante, sus caminos volverían a cruzarse un día. En 2015, varios años después de la muerte de Carl Sagan y de que Neil le sucediera como el astrofísico más famoso de los Estados Unidos, unos productores de televisión le pidieron a Neil que presentara una nueva serie de programas de *Cosmos*.

En 1996, Neil regresó al lugar donde nació su amor por la astrofísica, el Planetario Hayden; pero esta vez lo hizo como director, un puesto que ha venido ocupando hasta el día de hoy. Neil recuperó la tradición del profesor Chartrand de otorgar a cada estudiante de astronomía un diploma firmado por él mismo.

Al igual que el profesor Chartrand y el profesor Sagan, Neil utiliza el humor y un lenguaje fácil para transmitir su entusiasmo por la astrofísica. Ese don de gentes y esa sencillez han contribuido a que Neil deGrasse Tyson se haya convertido en uno de los científicos más populares y respetados del mundo.

SEGUNDA PARTE

AMANTES DE LA NATURALEZA

CARRERAS
DE CARACOLES,
LOMBRICES EN CASA
jardines secretos.

Antes de convertirse en
CIENTÍFICOS
Y DESVELAR LOS
MISTERIOS
DEL
MUNDO
NATURAL,
A ESTOS
niños científicos
tan solo les gustaba
jugar al aire libre.

George Washington Carver

Diálogo con las plantas

De niño, George Washington Carver hablaba con las plantas para conocer sus secretos. De adulto, este pionero botánico afroamericano descubrió cientos de usos para cultivos tan corrientes como el cacahuete, el boniato o la soja. Su notable viaje desde la esclavitud hasta la inmortalidad científica empezó en su propio jardín secreto.

George Washington Carver nació en la esclavitud a mediados de la década de 1860, poco después del final de la guerra de Secesión estadounidense. Sus padres, Mary y Giles, eran esclavos de un colono llamado Moses Carver, que había emigrado a los Estados Unidos desde Alemania unos años antes.

Una gélida noche en los días del ocaso de la guerra, el bebé George dormía en una pequeña cabaña de madera en la ciudad de Diamond Grove, en Misuri. De pronto, una banda de forajidos se coló en la cabaña y lo arrancó de su cuna. Este secuestro desencadenó una serie de acontecimientos que cambiarían la vida de George para siempre.

Los secuestradores eran comerciantes de esclavos de Arkansas contrarios al Ejército de la Unión, al que Moses Carver apoyaba. En esa misma incursión nocturna se llevaron a la madre de George y a su hermana Mary. Su hermano mayor, Jim, logró escapar al bosque.

Los secuestradores huyeron hasta Arkansas, donde pensaban vender a George a otro esclavista. Pero Moses Carver contrató a un explorador del Ejército unionista llamado John Bentley para que les siguiera la pista y los trajera de vuelta.

Al cabo de una semana, Bentley regresó a la granja de Carver. Había localizado a George, que había enfermado de tosferina y estaba muy grave. Nunca encontraron a su madre ni a su hermana. Ahora George era huérfano, puesto que su padre había muerto a las dos semanas de nacer él, en un accidente con el carro.

La esposa de Moses Carver, Susan, lo cuidó hasta que recuperó la salud. A George y su hermano Jim, de nuevo juntos, les aguardaba un futuro incierto. La guerra había terminado. Se había abolido la esclavitud y se había declarado a todos los esclavos de Misuri personas libres. Pero George y su hermano no tenían padres.

Los Carver decidieron criarlos como si fueran sus hijos. Aunque la tía Susan, como llamaba George a la señora Carver, lo cuidaba, él echaba de menos a su madre. A veces George se sentaba junto a la vieja rueca de su madre en casa de los Carver e intentaba con todas sus fuerzas recordar cómo era.

George sufrió las secuelas de su lucha con la tosferina el resto de su vida. Tenía dificultades para respirar y nunca fue físicamente tan fuerte como Jim, que trabajaba en el campo con Moses. George pasaba casi todo el tiempo dentro de casa, donde la tía Susan le enseñaba a leer y escribir usando un libro de ortografía

Webster. También le enseñó a hacer punto y ganchillo, usando una aguja que él mismo había modelado a partir de una pluma de pavo, y a cuidar las plantas y flores del jardín.

Resulta que George se especializó en cuidar las plantas enfermas hasta que recuperaban la salud, y se le daba bien. Un día, Jim encontró a George en el jardín con la mejilla apretada contra un rosal enfermo y murmurando unas palabras de consuelo.

«¿Qué les estás haciendo a esas flores?», le preguntó su hermano. A lo que George respondió:

¡QUERERLAS!

«Cualquier cosa te desvela sus secretos si la quieres lo suficiente», diría George más tarde.

George incluso creó su propio jardín secreto entre la maleza fuera de la casa de los Carver, para poder prestar más atención a lo que él llamaba sus «bellezas florales». Al principio, la gente se burlaba del niño que hablaba a las flores, pero su sistema de cuidados dio resultado. Pronto los vecinos de los Carver empezaron a acudir a George para que los ayudara con sus jardines. Lo llamaban el «médico de las plantas».

Cuando George se encontraba lo bastante bien para salir solo, pasaba la mayor parte del tiempo en el bosque, fascinado con la abundancia de la naturaleza.

«Quería saber el nombre de cada piedra, cada flor, cada insecto, cada pájaro y cada bestia», recordaba George. «Quería saber por qué era de ese color y cómo vivía». Tan solo había un problema. «No había nadie que me lo dijera».

George miró en su libro de ortografía, pero no tenía las respuestas que él buscaba. Así que empezó a recoger especímenes en sus salidas al bosque. Si veía un reptil o un insecto que le interesaba, lo recogía y se lo llevaba a su habitación para inspeccionarlo despacio.

La primera vez que apareció en casa con una rana en el bolsillo, la tía Susan se puso furiosa. Después de aquel incidente, siempre hacía a George vaciarse los bolsillos antes de entrar en casa.

Aunque su curiosidad ponía a prueba su paciencia, la tía Susan veía que George tenía un don especial para estudiar la naturaleza. Quería animarlo a que continuara su educación, pero en aquella época no había en su ciudad colegios públicos que admitieran a niños negros.

Cuando George tenía once años, los Carver contrataron a un profesor particular para que fuera a la granja a instruirlo. George era tan inquisitivo que pronto agotó a su instructor con sus incesantes preguntas. Al año siguiente, los Carver decidieron enviar a George a un colegio para niños negros de la ciudad de Neosho, a 16 km.

George estaba ansioso por empezar. Antes de marcharse, se detuvo en su jardín secreto para despedirse de sus plantas. Luego hizo el camino a pie, llevando todas sus posesiones —incluida su preciada colección de piedras— envueltas en un pañuelo.

George llegó a Neosho ya de noche. No consiguió encontrar alojamiento, así que, cuando pasó ante un cobertizo cerca del colegio, se tumbó a pasar allí la noche.

El cobertizo pertenecía a Andrew y Mariah Watkins, una pareja afroamericana. No sabían que George estaba allí. A la mañana siguiente, cuando la señora Watkins fue a coger un poco de leña, se encontró a George allí acurrucado.

El muchacho dijo: «Soy George de Carver», presentándose como una propiedad de Moses Carver.

«De ahora en adelante», respondió la señora Watkins, «dirás que te llamas George Carver».

A la señora Watkins le gustó el chico inmediatamente y le dijo que se podía quedar hasta que se inscribiera en el colegio. Ella y su marido se convirtieron en unos padres para George. Cada día, al acabar las clases, corría hasta su casa y los ayudaba con las tareas. A cambio, le dieron una habitación donde dormir y lo ayudaban con los deberes. George los llamaba tío Andy y tía Mariah.

La tía Mariah trabajaba como comadrona y lo sabía todo sobre las hierbas que se usaban en medicina. Ella animó a George a que continuara con el estudio de las plantas, que él pronto aprendió que era una rama concreta de la ciencia llamada botánica. «Debes aprender todo lo que puedas», le dijo. «Luego sal al mundo y comparte con la gente lo que hayas aprendido». Esas palabras se le quedaron grabadas a George y no las olvidó nunca.

También aprendió del tío Andy, que trabajaba como campesino y herrero, entre otras cosas. Tanto él como la señora Watkins animaban a George a creer en sí mismo y a ayudar al resto de la comunidad negra.

Mientras vivió con los Watkins, sacó buenas notas en el colegio, fue a la iglesia los domingos y aprendió a hacer cosas valiosas como cocinar y hacer la colada. Pero llegó un momento en que sintió que ya había aprendido todo lo que podía en Neosho. Tenía que seguir adelante.

Un día, oyó que un grupo de gente planeaba marcharse de Neosho rumbo a una ciudad de Kansas donde había un colegio gratuito para afroamericanos. George vio una oportunidad de mejorar y preguntó si podía ir con ellos.

«Si hay espacio en el carro, puedes venir», le dijeron.

George tenía tan solo trece años, pero estaba seguro de que se haría hueco en aquel carro. Corrió a casa y empezó a empaquetar sus cosas para una nueva aventura.

Antes de marcharse de Neosho, George quiso hacer una última cosa como agradecimiento a la tía Mariah. Le hizo su propio jardín. Encontró unas orquídeas silvestres en el bosque y las plantó cerca de la valla que rodeaba la casa.

Terminado el trabajo, George se subió al carro e inició la siguiente etapa de su viaje.

En los años siguientes George se mudó varias veces más antes de conseguir un título de bachillerato en la

Minneapolis High School de Kansas. Tuvo que afrontar muchos obstáculos para completar su educación, por ser negro, y muchas universidades lo rechazaron por el color de su piel. Sin embargo, George no abandonó sus estudios de botánica y finalmente se convirtió en el primer estudiante negro que se matriculaba en el Iowa State Agricultural College.

Siguiendo el consejo de Mariah —«comparte con la gente lo que hayas aprendido»—, George usó el conocimiento que había acumulado para enseñar a los campesinos pobres a cultivar plantas que les proporcionaran alimento. No inventó la mantequilla de cacahuete, como muchos piensan de manera errónea, pero por donde iba predicaba los beneficios de cultivar cacahuetes. George también inventó cientos de productos útiles hechos a base de cacahuete, soja, pacanas y boniatos.

Cualquier otro habría patentado estos inventos y se habría hecho millonario, pero George Washington Carver prefirió pasar a la historia como un hombre que dio cosas al mundo, no que las acumuló para sí. Este sentimiento quedó incluso escrito en su lápida:

Podía haber sumado la fortuna a la fama,
pero, sin importarle ninguna de las dos,
halló la felicidad y el honor en ser
útil para el mundo.

Rachel Carson

Capacidad
de
asombro

De adulta, esta legendaria bióloga y escritora de la naturaleza advirtió de los peligros de la contaminación y su impacto sobre el medio ambiente en el libro *Primavera silenciosa*. Pero Rachel Carson desarrolló su «capacidad de asombro» ante el mundo natural de niña, explorando los bosques que había alrededor de la granja de su familia.

«**No recuerdo ningún** momento en que no tuviera claro que iba a ser escritora», dijo Rachel Carson una vez. «Tampoco recuerdo ningún momento en que no estuviera interesada en la vida al aire libre y en el mundo natural».

Rachel Louise Carson nació el 27 de mayo de 1907 en Springdale, Pensilvania (Estados Unidos), una ciudad pequeña junto al río Allegheny. Su madre, Maria, era profesora de piano. Su padre, Robert, vendía seguros.

Rachel, la menor de tres hermanos, se crio en una granja rodeada por un amplio terreno de bosque y huertos con manzanos. En cuanto aprendió a andar, sus padres la animaron a jugar al aire libre.

Sobre todo a la señora Carson le interesaba la historia natural. Consideraba el bosque un gran laboratorio donde sus hijos podían aprenderlo todo sobre la vida de las plantas y los animales.

Por las mañanas, la madre de Rachel la despertaba temprano para que pudiera oír cantar a los pájaros cerca de su ventana. De camino al colegio, Rachel hablaba con ellos como si fueran sus vecinos.

¿QUÉ TIEMPO HACE POR AHÍ ARRIBA?

A veces su madre paseaba con ella por el bosque y le enseñaba los nombres de las flores, los pájaros y los insectos que iban encontrando. La señora Carson incluso escribía un diario para documentar la pasión que ambas compartían por la naturaleza.

En uno de aquellos paseos juntas, Rachel notó que el cielo sobre el bosque tenía un color gris enfermizo. Su madre le explicó que se debía a las cenizas que escupían las fundiciones que había río abajo. Rachel empezó a comprender que su amor por el mundo natural debía ir acompañado de la responsabilidad de protegerlo, especialmente de la contaminación.

Cuanto más exploraba el mundo que había al otro lado de su ventana, más curiosidad sentía. Un día, mientras andaba rebuscando por el patio, encontró entre la tierra una concha marina fosilizada. En la cabeza de Rachel bullían las preguntas: ¿qué antigüedad tenía?, ¿cómo había acabado en un campo de Pensilvania, si el mar estaba tan lejos? ¡Empezaba a pensar como una científica!

Los procesos naturales la fascinaban. Comenzó a recoger orugas y capullos para poder observar la metamorfosis que daba lugar a polillas y mariposas.

¡HORA DE ECHAR A VOLAR!

Cuando Rachel volvía a casa de una de sus expediciones con otro bicho más, su madre le decía que lo devolviera al lugar donde lo encontró. La señora Carson estaba convencida de que los animales deben vivir en libertad en su hábitat natural. A Rachel no le

permitían ni siquiera matar insectos dentro de casa:
tenía que cogerlos con cuidado y sacarlos al exterior.

Aparte de su amor por el mundo natural, Rachel
tenía otra gran pasión: la lectura. Le gustaban sobre
todo las historias de animales. Dos de sus autoras
favoritas eran Beatrix Potter, la creadora de Perico el
Conejo, y Gene Stratton-Porter, una pionera fotógrafa
de la naturaleza que escribió una serie de libros sobre
animales y de observación de aves.

Las novelas de temática de marineros de Herman
Melville, Joseph Conrad y Robert Louis Stevenson
también cautivaron su imaginación cuando era un poco
más mayor.

Inspirada por estos escritores, Rachel empezó a
idear sus propias historias. Su primer intento fue un
libro de diez páginas con dibujos de animales hechos
con ceras y lápices, cada uno acompañado por unas
líneas en verso.

Dibujó un elefante en la portada y se lo dedicó a su padre:

He hecho con amor para ti este librito
y que te gusten los dibujos espero.
En cada página cuento un poquito
sobre los animales que más quiero.

Muchos de los animales representados en el libro los había visto Rachel en sus paseos por el bosque. Había un ratón, una rana, un conejo y un búho. Otros, como un perro, una gallina, un canario y un pez, vivían en la granja de la familia.

Cuando Rachel tenía diez años, decidió probar a ver si publicaban una de sus historias. Todos los meses la revista infantil *St. Nicholas* convocaba un concurso de escritura para niños. A los ganadores les daban insignias de oro, y a los finalistas, de plata.

Rachel envió su primer relato a la convocatoria de mayo de 1918: «Una batalla en las nubes» contaba las hazañas de un as de la aviación de la Primera Guerra Mundial en los cielos de Francia. Su madre certificó: «Esta historia la ha escrito, sin ayuda, mi hija de diez años, Rachel». Al día siguiente, de camino al trabajo, el señor Carson la echó al correo.

Unos meses más tarde, Rachel recibió una copia de la revista *St. Nicholas* con su relato publicado, junto con una insignia de plata. Durante el siguiente año, escribió y envió al concurso historias llenas de acción. La revista publicó cuatro de sus cuentos, lo cual la convirtió en una de sus colaboradoras estrella.

A los catorce años, Rachel hizo su primera venta profesional. Cuando le llegó un cheque de 3 dólares, escribió en el sobre «primer pago» y lo guardó a buen recaudo.

Al año siguiente Rachel decidió cambiar de temas. En vez de escribir sobre combates aéreos o héroes de la guerra de Cuba, elaboró un relato real de sus experiencias buscando nidos de pájaro en los bosques cerca de su casa. En la historia «Mi diversión favorita», contaba cómo pasó un día de excursión con su perro Pal y «una fiambrera, una cantimplora, una libreta y una cámara de fotos». Enumeraba todos los pájaros que ella y Pal habían encontrado, desde un colibrí hasta un cuco.

St. Nicholas publicó «Mi diversión favorita» en su número de julio de 1922. Con quince años Rachel se había convertido en una escritora profesional de la naturaleza.

Aquel otoño, Rachel abandonó —temporalmente— el lápiz para centrarse en el comienzo del instituto. No

tardó en conquistar a sus profesores con su buen humor y excelentes hábitos de estudio. Al cabo de cuatro años se graduó como la primera de su clase. En el anuario de su curso, sus compañeros imprimieron un poema que alababa su esfuerzo y perfeccionismo. Decía:

Como al sol del mediodía, a Rachel
siempre la ves brillar
y hasta que hace las cosas bien
nunca para de estudiar.

Para Rachel, hacer las cosas bien significaba transmitirle a la gente la importancia de proteger el medio ambiente, algo que siguió haciendo el resto de su vida.

En su trabajo de graduación, Rachel alentó a sus compañeros a no «malgastar de manera imprudente nuestros recursos naturales». Más tarde, en la década

RESIDIMOS ENTRE LAS BELLEZAS
Y LOS MISTERIOS DE LA TIERRA.

de 1940, cuando trabajaba como bióloga marina asistente en el Servicio Nacional de Pesca y Vida Salvaje, escribiría una serie de artículos en periódicos y revistas sobre la vida marina y otros temas. Al final, se hizo muy famosa como escritora de la naturaleza, a lo cual pudo dedicarse a tiempo completo.

La publicación, en 1962, de su libro más famoso, *Primavera silenciosa*, convirtió a Rachel en una persona muy famosa. Pero lo más importante es que el libro ayudó a inspirar un movimiento ambientalista mundial. En un artículo que escribió en 1956 expresa muy bien los sentimientos de asombro y maravilla que experimentó de niña esta futura científica.

«El mundo de un niño es fresco, nuevo y hermoso, está lleno de asombro y emoción», escribió Rachel en su ensayo *Ayuda a tu hijo a asombrarse*. En sus escritos siempre insistía en la importancia de aprender a apreciar lo que vemos y escuchamos en el mundo que nos rodea, como «el coro de pájaros en un amanecer de primavera». Justo como su madre le había enseñado a ella hacía tantos años.

Por todas partes Rachel había animado también a los niños a que prestaran atención a lo que nuestro planeta intenta decirnos. «Tomaos el tiempo de escuchar y de hablar sobre las voces de la Tierra y su significado: la majestuosa voz del trueno, los vientos, el sonido de las olas».

Jane Goodall

En contacto con los animales

Su estudio de los chimpancés en su hábitat natural ha convertido a Jane Goodall en una de las científicas más famosas y más queridas. Pero, antes de ir a África a estudiar a los simios, lo había investigado todo sobre los numerosos seres vivos que vivían en su jardín.

Cuando Jane Goodall era un bebé, una enorme libélula azul entró por la ventana de su cuarto. Su niñera la echó de la habitación, pero la pequeña se quedó asustada por todo el jaleo que se había montado.

Poco tiempo después, la niñera de Jane la llevaba de paseo en su carrito cuando otra libélula —o quién sabe si la misma— bajó en picado hacia la niña. Esta vez Jane gritó aterrorizada, tan fuerte que un hombre que pasaba por allí se lanzó a golpear al insecto con su periódico.

Jane estuvo llorando todo el camino hasta casa. Ver cómo hacían daño a un animal tan hermoso le hacía sentir peor que el miedo a que la picara. Aunque era solo una niña, aquel día aprendió algo sobre sí misma. «Que algo me asustara», explicaría años después, «no significaba que quisiera que lo matasen».

Había montones de insectos en el jardín trasero de la casa de Londres (Inglaterra) en la que se crio Jane. De hecho, guarda entre sus primeros recuerdos los paseos por el jardín en brazos de su madre, explorando todas las plantas y los seres que vivían allí. Al examinarlos, Jane aprendió a no temerlos. Fue el inicio de la fascinación que sentiría toda su vida por los seres vivos y que convertiría a Jane Goodall en una científica experta en animales.

Cuando tenía dieciocho meses, su padre le regaló un chimpancé de peluche. «Se llama Jubilee», le dijo su padre, y le explicó que se llamaba así por una cría de chimpancé que acababa de nacer en el zoo de Londres. Algunos amigos de los Goodall pensaron que el muñeco asustaría a la niña o le provocaría pesadillas. Pero Jubilee se convirtió enseguida en el juguete favorito de Jane. Se lo llevaba a todas partes.

¡TIERRA A LA VISTA, JUBILEE!

Cuando Jane aprendió a andar, su curiosidad por el mundo natural no conocía límites. Empezó a vagar por el jardín por su cuenta y desenterraba todos los bichos que encontraba.

Un día, su niñera descubrió que Jane había sacado un puñado de tierra con lombrices y las había llevado a su cuarto. Furiosa, la niñera avisó a la madre de Jane, aunque no sirvió de mucho. Jane se negó a soltar la masa de lombrices que se retorcían bajo su almohada.

¿NO TE PARECEN MONÍSIMAS?

En vez de enfadarse con Jane, la señora Goodall le explicó a su hija por qué no era una buena idea tener lombrices en casa. Le hizo ver el calor y el agobio que debían de sentir las pobres viviendo debajo de una almohada.

«Necesitan la tierra para vivir», le dijo la señora Goodall a Jane. «Si las dejas aquí, se morirán».

Jane no quería que ocurriera eso, así que de mala gana accedió a devolverlas a su hábitat. Su madre la ayudó a excavar un hoyo en el jardín trasero y a meterlas dentro.

Esa no sería la última vez que el entusiasmo de Jane por sus estudios naturales se le fuera un poco de las manos. Un tiempo después, cuando visitaban a unos amigos en su casa de la playa, se quedó fascinada por los caracoles marinos que las olas habían arrastrado a la orilla. Los recogió en un cubo y, de nuevo, los llevó a su cuarto para examinarlos de cerca.

Cuando su madre fue a ver qué hacía Jane, se encontró con caracoles deslizándose por toda la estancia: por el suelo, arriba y abajo por las paredes, detrás de los muebles. ¡En todas partes!

Se repetía de nuevo el incidente de las lombrices…

Y de nuevo la señora Goodall le explicó a Jane por qué a los animales que viven en la naturaleza hay que dejarlos ahí.

«Esos caracoles se morirán fuera del mar», le dijo.

Y de nuevo Jane los recogió y los devolvió a la playa, que era donde debían estar.

La granja que tenían sus abuelos le proporcionaría a Jane más oportunidades para observar el mundo natural en acción. Una vez que fueron allí, cuando tenía cuatro años, le encargaron que recogiera los huevos de las gallinas. «¿De dónde salen los huevos?», se preguntaba Jane mientras recogía los que estaban entre la paja.

Para averiguarlo, al día siguiente Jane entró a gatas en el gallinero, se agachó en una esquina y esperó muy quieta a que entrase una gallina. Por fin llegó una, puso un huevo, sacudió las plumas en señal de triunfo y se marchó.

Exultante, Jane corrió a contarles a sus padres lo que había visto. Pero no se dio cuenta de que había estado ausente casi cuatro horas. Le sorprendió encontrar a todo el mundo buscándola frenéticamente. Incluso habían avisado a la Policía y se había puesto una denuncia por desaparición.

«¿Dónde demonios estabas?», le preguntó su madre.

«¡Con una gallina!», repuso Jane, sacudiéndose la paja del pelo.

Cuando su madre vio lo emocionada que estaba Jane con su último descubrimiento, se calmó y escuchó con paciencia mientras su hija le contaba su aventura en el gallinero.

¿Y QUÉ PASÓ DESPUÉS?

«Ahora sé cómo pone un huevo una gallina», dijo Jane orgullosa. A partir de entonces, dedicó casi todo su tiempo libre a observar a los animales para comprender su comportamiento.

Sin embargo, no todo fue idílico en su infancia. Cuando Jane tenía cinco años, estalló la guerra entre Inglaterra y Alemania. Su padre se alistó en el Ejército, y Jane y su familia se fueron a vivir con su abuela a la costa meridional de Inglaterra. Su nueva casa tenía un gran jardín lleno de insectos y árboles, donde podía ver a los pájaros hacer nidos y a las ardillas recoger frutos secos.

Por esa época, Jane empezó a ocuparse de un pequeño zoo de mascotas, que contó, en diversos momentos, con un gato llamado Pickels, un hámster, dos cobayas llamadas Gandhi y Jimmy, un canario llamado Peter, una tortuga llamada Johnnie Walker y un perro negro y revoltoso, Rusty. Jane y su hermana Judy también tenían una «cuadra» de caracoles a los que hacían competir en carreras por el jardín. Para distinguir a los ganadores, les pintaban números diminutos en la concha.

Jane formó con su hermana y algunos amigos una sociedad secreta, el Club del Caimán, dedicado al estudio de la naturaleza. Incluso fundó un «museo» donde exhibía los especímenes que recogía —sobre todo, conchas y setas venenosas— y cobraba una entrada a los niños que querían verlos.

La pieza estrella de la colección era un esqueleto humano de verdad, montado a partir de huesos que guardaba el tío de Jane de cuando estudió Medicina. Jane donaba los ingresos de las entradas a una organización benéfica que se ocupaba de los caballos.

UNA ENTRADA PARA EL SHOW DE LOS HORRORES, POR FAVOR.

¡Vean el alucinante esqueleto!

Ayuda a los caballos con tu aportación

Cuando Jane tenía ocho años, sacó de la biblioteca el libro *La historia del doctor Dolittle*, de Hugh Lofting. La novela trata de un médico inglés que trabajaba en África que habla con los animales, incluidos gorilas y chimpancés. La historia cautivó la imaginación de Jane, que la leyó una y mil veces.

También fue una inspiración para ella Tarzán, un personaje de una serie de novelas escritas por Edgar Rice Burroughs. Jane se pasaba horas en el jardín trasero, sentada en una rama, leyéndole a su mono Jubilee las historias de este niño criado por simios en África.

Después de ver una película de Tarzán, Jane se enamoró del apuesto «hombre mono» que, colgado de una liana, se columpiaba entre los árboles acompañado de Chita, su chimpancé. Aunque no tenía ni idea de cómo hacerlo realidad, Jane decidió que cuando fuera mayor iría a África, viviría entre simios, como Tarzán, y se comunicaría con los animales, como el doctor Dolittle.

En el colegio, algunas personas se burlaban de los sueños y las ambiciones de Jane. Pensaban que una niña debía concentrarse en buscar un buen marido y no pensar en una carrera científica. Pero su madre le decía que no hiciera ni caso. Cuando tuvo la edad suficiente, Jane trabajó como secretaria, camarera y montadora de cine con el fin de ahorrar bastante dinero para su primer viaje a África.

A los veintitrés años pudo por fin comprar un pasaje en un trasatlántico y viajar para visitar a una amiga que vivía en una granja de Kenia. Era la primera vez que iba a otro continente.

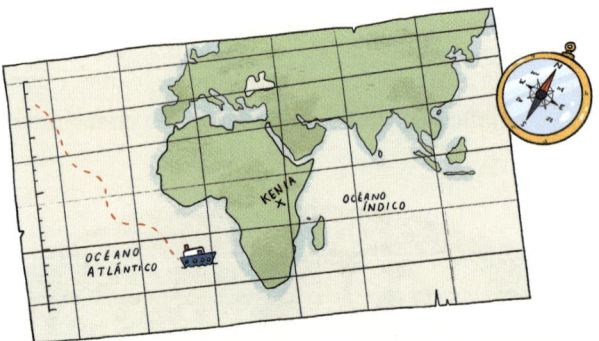

África era tal como Jane la había imaginado y fue el lugar donde todos sus sueños se harían realidad. En Kenia conoció al doctor Louis Leakey, un científico famoso por estudiar a los grandes simios. Le ofreció a Jane trabajar como su ayudante. Esta fue la primera vez que pudo observar a los chimpancés en su hábitat natural.

Después de trabajar con el doctor Leakey varios años, Jane formó un equipo con otras dos científicas pioneras: la especialista en gorilas Dian Fossey y la experta en orangutanes Biruté Galdikas. Jane se especializó en los chimpancés y se convirtió en la principal autoridad mundial en su campo. Empezaron a llamarlas las Trimates.

En uno de los numerosos libros que ha escrito sobre sus experiencias, Jane Goodall agradece a sus padres que le enseñaran a mirar el mundo natural con un sentimiento de asombro y curiosidad, en vez de con miedo y vacilación. Le agradece a su padre que le regalara a Jubilee, su primer amigo animal, que aún ocupa una silla en su hogar de Londres. Y le agradece a su madre que haya sido «lo bastante sabia para alimentar y fomentar mi amor por los seres vivos y mi pasión por el conocimiento».

Temple Grandin

A través de los ojos de un animal

«**V**eo el mundo muy muy parecido a como lo ve una vaca», explica Temple Grandin. De hecho, fue su amor por las vacas y los caballos —además de su capacidad para saber lo que piensan y sienten— lo que la inspiró para superar los retos que le imponía el autismo y convertirse en una de las expertas en animales más famosas y más queridas.

Mary Temple Grandin nació el 29 de agosto de 1947 en el seno de una familia acomodada de Boston (Estados Unidos). Se crio atendida por doncellas y criados. Como había una doncella en la familia que se llamaba Mary, sus padres empezaron a llamarla por su segundo nombre, Temple.

Cuando Temple tenía dos años, sus padres se dieron cuenta de que era diferente. No hablaba ni se reía, y a menudo parecía perdida en su mundo. Masticaba las piezas de puzle, miraba fijamente las banderas que ondeaban y se pasaba horas girando en círculo.

En aquella época, mucha gente pensaba que esos comportamientos eran indicativos de un trastorno mental. Había quien especulaba con que Temple tuviera epilepsia, una enfermedad que produce ataques. Hoy se identifica el comportamiento de Temple como un indicador de autismo, un trastorno que afecta al modo en que funciona el cerebro. A quienes padecen autismo puede resultarles difícil comunicarse, comprender los comportamientos y procesar información sensorial.

Temple explicaría más tarde lo que sentía siendo autista:

«A veces oía y comprendía y otras veces los sonidos o las palabras llegaban a mi cerebro como el ruido insoportable de un tren de mercancías que va embalado», escribió. «Podía entender lo que se decía, pero era incapaz de responder. Gritar y sacudir las manos era mi única forma de comunicarme».

Preocupados por la incapacidad de su hija para hablar, los padres de Temple la llevaron al Boston Children's Hospital. Pasó la noche en el hospital, durmiendo en una camita, rodeada de animales de peluche y muñecas.

Por la mañana, los médicos le realizaron una serie de pruebas, pero no pudieron determinar la causa de su dificultad para hablar. Recomendaron que la viera un logopeda. Los padres de Temple también contrataron a una niñera para que jugara con ella a juegos de mesa y mantuviera su mente siempre ocupada.

A los cuatro años, Temple por fin empezó a hablar. Más o menos por entonces los médicos consiguieron diagnosticarle lo que hoy conocemos como autismo. Algunos recomendaron que la enviaran a un hospital psiquiátrico, pero la madre de Temple se negó en redondo. En cambio, mandó a su hija a un colegio privado para niños con necesidades especiales.

En casa, la señora Grandin se esforzó mucho para enseñar a leer a Temple. Cada día, leía en voz alta durante media hora un ejemplar ilustrado de *El maravilloso mago de Oz*. Lo que atrajo a Temple fueron los dibujos. Luego la historia la atrapó hasta tal punto que pronto estaba leyendo párrafos enteros ella sola. En poco tiempo Temple superó los test de lectura con gran éxito.

Temple descubrió también que tenía talento para fabricar cosas. La lectura de un libro sobre inventores le dio ideas de proyectos que podía hacer usando objetos cotidianos. Construyó un helicóptero a partir de un avión de madera roto. Cuando le daba cuerda a la hélice, el juguete podía volar en vertical unos 30 m.

Temple hacía también cometas de papel con forma de pájaro y las ataba con un cordel a la parte trasera de su bicicleta. Experimentó plegando las alas para conseguir que las cometas volaran más alto. Treinta años después, los diseñadores de aviones empezaron a usar el mismo principio que había probado Temple con el objetivo de mejorar el rendimiento de los aviones comerciales.

Justo cuando parecía que Temple estaba progresando en su esfuerzo para comunicarse, entró en secundaria. Pero la Beaver Country Day School era mucho más grande que su colegio de primaria, donde solo había trece alumnos por aula. Ahora eran nada menos que cuarenta, y cada clase con un profesor distinto. Los pasillos eran ruidosos, con los portazos de las taquillas, y eso le provocaba ansiedad y miedo.

También había gente que se metía con ella. Cuando iba por los pasillos del instituto, algunos alumnos la insultaban, porque hay personas autistas que tienen la costumbre de repetir palabras o frases. Temple empezó a pegar para defenderse. La echaron del colegio porque le lanzó un libro a un compañero de clase que se burlaba de ella.

Después de que la expulsaran, su madre la envió al Mountain Country School, un internado privado para niños con trastornos de comportamiento de Rindge, Nuevo Hampshire. Allí el ambiente era totalmente distinto.

Rodeado por todas partes de bosques y arroyos, el Mountain Country School contaba con una granja que producía lácteos, con rediles de ovejas y un establo con caballos para que montaran los niños. Temple descubrió después que muchos de aquellos caballos tenían también trastornos de comportamiento.

«Eran preciosos, sus patas estaban bien, pero emocionalmente estaban destrozados», escribió sobre los caballos. «El colegio tenía nueve caballos en total y dos de ellos era imposible montarlos. La mitad de los caballos de aquel establo tenían graves problemas psicológicos».

Temple describió a una yegua en concreto, Lady. Dijo que era «una buena yegua cuando la montabas en el picadero, pero por los caminos enloquecía. Se encabritaba, daba saltos y pateaba sin parar; si no sujetabas bien fuerte las riendas, salía corriendo de vuelta al establo».

Había también un potro rebelde llamado Beauty. «A Beauty se le podía montar, pero tenía costumbres horribles, como darte coces y mordiscos mientras estabas en la silla. Levantaba la pata y te daba una coz en la pierna o el pie, o giraba la cabeza para morderte en la rodilla. Había que estar muy atento. Cuando intentabas montar a Beauty, te pateaba y te mordía: te atacaba por los dos lados a la vez».

La peor de todas era una preciosa potrilla de color marrón claro llamada Goldie, que se portaba de maravilla mientras nadie intentara montarla. A Goldie le gustaba que la acariciaran y la cepillaran, pero le entraban sudores y se encabritaba muerta de miedo si alguien intentaba sentarse sobre ella.

«Era imposible montar esa yegua», diría Temple más tarde. «A lo sumo conseguías mantenerte sentado en la silla».

¡AAAAAAH!

¡BÁJATE DE MI ESPALDA!

Por ser una persona con autismo, Temple se identificaba con estos animales temerosos y ansiosos, pues ella a menudo se había sentido igual. A medida que pasaba más tiempo con ellos, Temple empezó a pensar que trabajar con animales con necesidades especiales, como Goldie, Beauty y Lady, podía ser su vocación en la vida.

De este modo, empezó a pasar todo el tiempo libre que tenía fuera de clase cuidando de ellos. Les limpiaba la cuadra, los cepillaba y los montaba siempre que podía. Nada la hacía más feliz que pasar zumbando por el patio subida a lomos de sus nuevos amigos.

Un día, su madre le hizo a Temple un regalo especial: una silla de montar. Enseguida se convirtió en su posesión más preciada. No se separaba de ella, compró jabón especial y acondicionador para cuero, y se pasaba horas sola en el dormitorio lavándola y puliéndola hasta que casi relucía.

Poco tiempo después, durante una visita a la granja de su tía, en Arizona, Temple observó cómo metían a unos terneros en una manga de ganado para poder vacunarlos. Al principio, los animales estaban nerviosos y asustados. Pero se calmaron de inmediato cuando estuvieron dentro de la manga, donde las paredes que los rodeaban los comprimían suavemente.

UMMM, ME PREGUNTO SI ESTO PODRÍA SERVIRME...

Fascinada, Temple se preguntaba si una «máquina estrujadora» haría el mismo efecto en ella. De modo que se deslizó dentro y convenció a su tía para que cerrara la manga de ganado. En cuestión de minutos, la presión suave hizo que Temple se sintiera tranquila, segura y serena. Permaneció media hora dentro de la manga compresora. Y de este modo tuvo la idea para su primer invento científico.

Cuando regresó al colegio, Temple construyó su propia «máquina estrujadora» para personas como ella que sufrían de hipersensibilidad a la luz y el sonido. Se la mostró al psicólogo del colegio, que no entendió lo que era y la instó a abandonar el proyecto.

Pero Temple sabía que tenía algo importante entre manos. Le llevó el aparato a su profesor de ciencias, el señor Carlock, que de inmediato captó su potencial. En vez de intentar convencerla de que abandonara el proyecto, le ofreció ideas para mejorarlo e incluso le sugirió un nombre más atractivo para él:

¿POR QUÉ NO LA LLAMAS «MÁQUINA DE ABRAZOS»?

El señor Carlock, que había trabajado para la NASA, le dio entonces a Temple un consejo muy importante que no olvidaría nunca: «Me dijo que, si quería averiguar por qué me relajaba, tenía que estudiar ciencia», escribió. «Si estudiaba lo suficiente como para ir a la universidad, podría aprender por qué la presión tiene un efecto relajante. En vez de despreciar mi aparato, lo utilizó para motivarme para que estudiara, sacara buenas notas y fuera a la universidad».

Temple siguió el consejo del señor Carlock. Se esforzó mucho, fue a la universidad y aplicó el método científico para explicar los efectos de su máquina de abrazos sobre las personas y los animales. Durante muchos años usó su invento para aliviar los síntomas de su propio autismo.

Su máquina de abrazos fue un avance que le dio notoriedad en el mundo de la zoología y la veterinaria. En 2010 se rodó una película sobre su vida. Temple Grandin usó su fama para defender en todas partes un trato más humano tanto para las personas con autismo como para los animales.

TERCERA PARTE

LAS FUERZAS INVISIBLES

Todo lo que sube baja,

*PERO *¿POR QUÉ?*

ESTOS

NIÑOS CIENTÍFICOS

estaban destinados
A *DESENTRAÑAR*

**LAS MISTERIOSAS
Y A MENUDO INVISIBLES**

FUERZAS

QUE CONTROLAN EL UNIVERSO.

Isaac Newton

Nunca más un fracasado

I saac Newton tuvo siempre el potencial para lograr grandes cosas. Pero pocas veces se esforzaba y, por ello, su destino parecía ser convertirse en pastor de ovejas de la granja familiar. Fue necesaria una pelea con un matón de patio de colegio para que dejara de gandulear y empezara a tomarse en serio la ciencia.

Isaac Newton nació el día de Navidad de 1642 en un pueblecito llamado Woolsthorpe, Inglaterra. Su padre, que se llamaba también Isaac Newton, había muerto tres meses antes.

Nació prematuro y era un bebé tan pequeño que su madre decía que cabía en una jarra de cerveza. A todas horas le ponía una almohadita bajo la cabeza para que tuviera las vías aéreas elevadas y pudiera respirar.

En el pueblo, muchos pensaban que Isaac no sobreviviría a la infancia, pero les sorprendió. Vivió nada menos que hasta los ochenta y cuatro años, aunque de niño siempre fue mucho más pequeño que los de su edad.

Isaac se crio en la granja de su familia, conocida como Woolsthorpe Manor. Cuando tenía tres años, su madre se volvió a casar y se marchó para vivir con su nuevo marido en un pueblo a unos kilómetros de allí. Dejó a Isaac al cuidado de su abuela. Otros parientes vivían cerca, pero nunca iban a visitarlo.

Con pocos amigos y sin visitas, Isaac se entretenía dibujando en las paredes de su habitación, que estaba en un frío desván. Hacía dibujos de aves, ovejas, plantas y diversas figuras geométricas. Cuando dibujaba algo que le satisfacía, se ponía manos a la obra para construir una réplica. Isaac se gastaba toda su paga en herramientas: sierras, formones, hachuelas y martillos. Pasaba horas a solas en su cuarto fabricando maquetas de relojes solares, molinos de viento y muebles para casas de muñecas.

A los doce años, Isaac se mudó a Grantham, una ciudad a 1,5 km de Woolsthorpe, para ir al colegio. Como su nueva escuela estaba lejos de casa, se alojaba con una familia local, los Clark, que regentaban la farmacia o droguería. El señor Clark a menudo preparaba medicinas en su casa, lo cual le dio a Isaac la oportunidad de observar y aprender los principios básicos de la química. También aprendió a usar hierbas para tratar varias dolencias.

Isaac siguió dibujando, construyendo cosas y realizando experimentos mientras vivió en Grantham. Logró hacer ilustraciones de relojes solares tan avanzadas que podía decir la hora con tan solo observar la cantidad de luz que entraba en una habitación. Incluso construyó su propio reloj de agua, un aparato que medía el tiempo mediante el goteo constante de agua de un recipiente a otro.

No obstante, sin duda, su proyecto científico casero más ambicioso fue su famoso molino de viento movido por la tracción de un ratón. En la época de Isaac los molinos de viento eran aún una novedad, de modo que, cuando construyeron uno cerca de la ciudad, la gente acudió desde kilómetros a la redonda para verlo.

Sin embargo, Isaac tenía inspiración para hacer algo más que mirar aquel artilugio de nuevo cuño. Lo estudió palmo a palmo y creó su propia maqueta a escala. Lo movía un ratón (dentro de una pequeña noria) que intentaba alcanzar una mazorca de maíz. Pronto la gente de Grantham se cansó de contemplar el molino de verdad y acudió, en cambio, a ver el de Isaac.

Pero no todos sus experimentos triunfaron. Por ejemplo, diseñó una cometa a la que ató un farolillo de papel iluminado por una vela. Cuando los vecinos la vieron de noche cruzando el cielo de la ciudad, pensaron que era un cometa que iba a estrellarse y huyeron a refugiarse en casa.

Puede que los inventos de Isaac llamaran la atención de sus vecinos, pero no le granjearon amistades en el colegio. Se pasaba todo el tiempo maquinando qué sería lo siguiente que haría y descuidaba sus deberes.

El primer curso en Grantham, Isaac quedó el 78 de 80 alumnos. Le aburrían los estudios y pasó a la acción. Grabó su nombre en el alféizar de madera de una ventana de la clase, le mintió a su abuela asegurándole que no tenía ninguna ballesta y una vez colocó un alfiler dentro del sombrero de un compañero para que se pinchara al ponérselo.

En el patio, Isaac se ganó fama de listillo, sobre todo en cosas de ciencia. Cuando los chicos del colegio organizaron un concurso de salto en un día de mucho viento, Isaac ganó gracias a que sincronizó cuidadosamente su salto con una ráfaga de viento favorable. Esperaba impresionar a sus amigos con su dominio de lo que hoy se conoce como ley de la dinámica, pero solo les pareció que estaba alardeando.

Cada vez era más impopular y empezó a ser el blanco de los abusones. Fue uno de aquellos encuentros lo que acabó de convencerlo de que tenía que cambiar de estilo y ponerse a la altura de su potencial.

Un día, el mayor abusón del colegio, Arthur Storer, le dio una patada en el estómago a Isaac sin venir a cuento. Incitado por los otros chicos, Isaac retó a Arthur a una pelea al salir de clase. Todos los alumnos se congregaron para ver cómo Arthur dejaba rápidamente noqueado al chico más pequeño y más débil.

Pero Isaac estaba decidido a ganar. Recurriendo a unas reservas de fuerza que ni él mismo sabía que tenía, pronto empezó a dominar la pelea. Tirando a Arthur de las orejas, lo arrastró hasta la capilla del colegio para asestarle el golpe definitivo. Fue entonces cuando el público sintió sed de sangre: «¡Aplástale la nariz contra la pared de la iglesia!», le urgió el hijo del director desde la primera línea de espectadores. Cuando Isaac amenazó con hacerlo, Arthur se rindió y prometió que nunca volvería a abusar de nadie.

Aunque fue una victoria aplastante, en vez de sentirse triunfante, Isaac se sentía avergonzado. Sabía que la violencia no era la solución para sus problemas. Después de todo, no podía dar una paliza a todos los que lo atormentaran. Pero podía derrotarlos de otro modo…

Justo en ese momento Isaac decidió dejar de hacer el vago y dar un mejor uso a su inteligencia. Empezó a esforzarse en clase y en poco tiempo llegó a ser el mejor alumno.

El director de la escuela, Henry Stokes, tomó nota de su gran mejora y lo animó a proseguir sus estudios.

Cuando la madre de Isaac dijo que este debía dedicarse a la granja, el señor Stokes la convenció de que Isaac desperdiciaría su talento si no iba a la universidad. Finalmente, a Isaac lo admitieron en el Trinity College, de Cambridge, donde estudió con científicos legendarios como Johannes Kepler y Galileo.

Con el tiempo, Isaac Newton alcanzó el mismo nivel de estos científicos y desarrolló muchos de sus principios. Hoy se le considera el padre de la física moderna, el inventor del cálculo y el hombre que descubrió las leyes de la gravedad. El niño esmirriado creció hasta convertirse en un gigante del mundo de la ciencia.

Marie Curie

Una educación secreta

El mundo la conoce por su nombre francés, pero Marie Curie era hija de unos orgullosos patriotas polacos que creían que el conocimiento era la clave de la independencia. Mucho antes de que su investigación sobre la radiación revolucionara la ciencia, luchó para tener la educación que merecía, enfrentándose a quien se cruzase en su camino.

Marie Curie descubrió dos elementos químicos nuevos: el radio y el polonio. Sin embargo, quizá su mayor logro fuera el laboratorio que mantenía en secreto dentro de su casa.

Cuando era muy pequeña, a Marie —entonces Maria Sklodowska— le gustaba jugar sola en el estudio de su padre. Un día se fijó en un objeto extraño que colgaba de la pared. Estaba hecho de madera oscura tallada y tenía en una cara ovalada una esfera similar a la de un reloj. Más tarde supo que se llamaba barómetro y se usaba para medir la presión del aire.

Al otro lado de la habitación había un armario cerrado con puertas de cristal lleno de tubos de ensayo, básculas, muestras de minerales y algo llamado electroscopio de láminas de pan de oro. Mientras lo observaba todo puesta de puntillas, entró su padre. Y ella le preguntó:

¿QUÉ SON TODOS ESTOS CHISMES?

«Instrumental de física» fue la respuesta de su padre. Y, sonriendo, Maria repitió estas palabras canturreando.

Con el tiempo, entendería que su padre era un científico y estas eran las herramientas de su oficio.

En Varsovia (capital de Polonia), Wladislaw Sklodowski tenía fama de ser un hombre culto e instruido. Maria y sus cuatro hermanos mayores lo llamaban «la enciclopedia andante» porque siempre estaba enseñándoles algo. Le encantaba entretener a sus hijos con clases informales de ciencia e historia. Cuando salían a caminar al bosque, señalaba al cielo y les hablaba de las estrellas. A veces toda la familia se pasaba la tarde representando batallas famosas usando bloques y juguetes.

Pero, a pesar de su gran formación, el padre de Maria no tenía permiso para trabajar como científico.

En aquella época, finales del siglo XIX, el Imperio ruso gobernaba Polonia y las autoridades rusas no permitían que los ciudadanos polacos trabajaran en laboratorios. El señor Sklodowski tuvo que trabajar como director de un colegio.

Los padres de Maria, Wladislaw y Bronislawa, eran grandes patriotas que creían que su país debía liberarse del yugo ruso. Estaban convencidos de que la mejor forma de que Polonia recuperara su independencia era teniendo un pueblo educado. Por tanto, cuando Maria mostró interés por la ciencia, animaron a su hija a desarrollar dicho interés.

Maria fue a la escuela primaria para formarse, pero los colegios de Varsovia estaban controlados por los rusos, que vigilaban de cerca las clases. Los alumnos solo podían hablar en ruso. Y estaba terminantemente prohibido enseñar la historia y la cultura polacas.

Pese a estas restricciones, a Maria le fue excepcionalmente bien. «A pesar de todo, me gusta el colegio», le contaba en una carta a su mejor amiga, Kazia. «Aunque te rías de mí, tengo que decirte que me gusta e incluso que me encanta».

Los profesores polacos de Maria idearon un plan para engañar a las autoridades rusas. Repartieron a escondidas libros de texto polacos y empezaron a dar clases sobre el patrimonio histórico polaco. Cuando venía el inspector, alguien avisaba tocando una campana. Era la señal para sacar los libros rusos y esconder los polacos. Como Maria era la mejor alumna y podía leer en ruso con fluidez, solían pedirle a ella que recitara la lección rusa delante del inspector.

Cuando Maria tenía diez años, pasaron dos cosas terribles: su madre murió de tuberculosis y a su padre lo despidieron del trabajo, pues un ruso lo sustituyó como director del colegio. Para sobrevivir, el padre convirtió la casa en un internado. Para acomodar a los nada menos que veinte niños que vivían ahora en su hogar, Maria tenía que dormir en un sofá del comedor. Se levantaba a las seis todos los días para preparar el desayuno a aquella tropa hambrienta.

A los quince años Maria se graduó en el instituto con los máximos honores. Le dieron una medalla de oro por ser la mejor de su curso. Pero, entre estudiar, cuidar de su padre y ocuparse de la casa, estaba agotada. Su padre decidió enviarla a casa de unos tíos que vivían en el campo para que se tomara un descanso, pues de verdad lo necesitaba.

Lo que iban a ser unas breves vacaciones se convirtió en un año muy agradable durante el cual Maria vivió por primera vez una vida sin preocupaciones. Sin tareas de la casa, sin lecciones que estudiar y sin oficiales rusos mirando por encima del hombro, se dedicó a los sencillos placeres del campo: pescar, nadar y montar en barca y a caballo.

¡ESTO SÍ QUE ES BUENA VIDA!

En vez de libros de matemáticas y física, Maria se pasaba horas leyendo novelas polacas. «No puedo creer que la geometría y el álgebra hayan existido alguna vez», le escribió a su amiga Kazia. «Las he olvidado por completo». Con zapatos nuevos, bailó toda la noche con sus primos en una fiesta. Cuando llegó el frío, paseó en trineo por los campos cubiertos de nieve.

Maria descubrió también su talento para gastar bromas. Uno de sus parientes era un auténtico idiota, así que Maria y sus primos clavaron clavos en el techo y colgaron todos sus muebles al revés. Luego se escondieron cerca hasta que volvió a casa. El pariente se quedó alucinado al descubrir todas sus posesiones —incluidos los zapatos— colgadas del techo.

Un año alejada de los problemas era justo lo que necesitaba. Maria volvió a casa sintiéndose como nueva, lista para seguir con su educación en la universidad. Pero había un problema: el Ministerio de Educación ruso había sacado un decreto para todas las universidades de Polonia que impedía el acceso a las mujeres.

Por suerte, Maria estaba acostumbrada a dar gato por liebre a las autoridades rusas. Se enteró de que había una escuela secreta ilegal donde las mujeres polacas podían hacer cursos universitarios en casas particulares. Los profesores eran preparados historiadores, filósofos y científicos, todos los cuales creían en la causa de la independencia polaca. Para evitar que los descubrieran, las clases se daban después del anochecer e iban cambiando de lugar. Se llamaba la Universidad Flotante.

Durante los siguientes años Maria trabajó como institutriz y cuidando niños de día, y asistía a la Universidad Flotante de noche. Cuando volvía a casa, si tenía tiempo, leía libros de ciencias y matemáticas. Los fines de semana realizaba experimentos de física y química.

Al final, Maria había aprendido suficiente —y ganado suficiente dinero— para salir de Polonia. Se trasladó a París (Francia), donde pudo continuar sus estudios universitarios sin tener que esconderse.

En París consiguió dos licenciaturas y empezó a adoptar la versión francesa de su nombre, Marie. También conoció al físico francés Pierre Curie, con quien se casó. Juntos hicieron muchos descubrimientos científicos y fueron galardonados con el Premio Nobel de Física en 1903. Marie ganó un segundo Nobel, el de Química, en 1911. Fue la primera mujer que ganó un Premio Nobel y la primera persona que ganó dos.

Pero no importaba cuántos fueran sus logros ni por qué nombre la llamaran: Marie Curie nunca perdió su identidad polaca. El resto de su vida firmó siempre «M. Sklodowska Curie». También se aseguró de que sus dos hijas hablaran polaco además de francés. Y, cuando descubrió un nuevo elemento químico en 1898, lo llamó polonio, en honor a su país.

Albert Einstein

Albert, el niño malo

Hoy se considera a Albert Einstein la mente científica más creativa del siglo xx. Pero de niño le costaba aprender y no era buen estudiante, y tenía además una vena rebelde por la que casi lo expulsan del colegio. Su largo viaje de niño malo a científico brillante no fue tan sencillo como la fórmula $E = mc^2$.

Desde el mismo día en que nació, en 1879, Albert Einstein fue una decepción para toda su familia.

«¡Demasiado gordo, demasiado gordo!», exclamó su abuela la primera vez que lo vio. La madre de Albert, Pauline Einstein, estaba consternada por el tamaño y la forma de la cabeza de su bebé. Parecía demasiado grande y extrañamente puntiaguda. Se preguntaba si su recién nacido no sería una especie de monstruo alienígena.

Al final, la familia se relajó un poco con el recién llegado. Un médico consiguió convencer a su madre de que la cabeza de su hijo era totalmente normal. Y, después de ser un bebé rollizo, empezó a crecer y a desarrollarse igual que los demás niños. Salvo en una cosa: a Albert le costó mucho aprender a hablar.

Sus padres consultaron a un especialista para saber si tenía alguna discapacidad. En aquel tiempo, mucha gente pensaba erróneamente que, si una persona no hablaba, debía de pasarle algo malo. A la criada de los Einstein se le ocurrió un desafortunado mote para Albert: le llamaba *der Depperte*, que en alemán quiere decir «el bobo».

Según la leyenda familiar, Albert rompió su largo silencio una noche durante la cena proclamando:

Muy aliviados, sus padres le preguntaron por qué no había hablado hasta entonces. «Porque hasta ahora todo estaba bien», fue la respuesta de Albert.

Incluso después de empezar a hablar, Albert rara vez decía lo que la gente esperaba oír. Por ejemplo, cuando tenía dos años, se fijó por primera vez en su hermanita Maja. Pensó que era un juguete y preguntó: «¿Por qué tiene ruedecitas?». Una vez que entendió que su hermana no era ningún tipo de artilugio motorizado, Albert se convirtió en el mejor amigo de Maja, y ella se convirtió en su principal seguidora.

A menudo Maja encontraba a su hermano a solas, pronunciando palabras y frases en un susurro. Las practicaba hasta que se sentía lo bastante seguro como para decirlas en alto. «Cada frase que pronunciaba», recordaría Maja más tarde, «por muy rutinaria que fuese, la repetía para sí bajito, moviendo los labios». Albert mantuvo este hábito hasta los nueve años.

Pasó la mayor parte de su infancia en la ciudad alemana de Múnich, donde su padre, Hermann, y su tío Jakob tenían una pequeña empresa de aparatos eléctricos. De niño, Albert era propenso a las rabietas, quizá por sus dificultades para hablar.

Cuando la rabia le desbordaba, su cara se ponía blanca como la de un fantasma. A veces incluso pagaba sus frustraciones con su hermana. En una ocasión, en uno de sus berrinches, le lanzó una bola de bolos a Maja. Otra vez la golpeó en la cabeza con una azada de jardín.

¡LA ENERGÍA ES IGUAL A UN FOLLÓN MULTIPLICADO POR EL CAOS AL CUADRADO!

Para cuando empezó el colegio, Albert ya había aprendido a controlar su temperamento. Pero nunca se entendió bien con sus profesores y se ganó la reputación de alumno difícil. En clase se pasaba la mayor parte del tiempo mirando al infinito, pensando en cualquier cosa menos en el tema que estaban explicando.

A Albert le gustaba mucho confundir a sus profesores. Les hacía preguntas complicadas que sabía que no podrían responder. Su actitud y su desobediencia llevaron a uno de sus maestros a declarar que Albert no llegaría lejos en la vida.

La madre de Albert esperaba que la música tuviera un efecto positivo en su hijo. Así que, cuando tenía cinco años, contrató a un profesor para que le diera clases de violín. Los ejercicios repetitivos le resultaban tan tediosos que Albert acabó lanzándole una silla al profesor, que salió de la casa corriendo y llorando.

Más adelante, ese mismo año, Albert se puso enfermo y tuvo que guardar cama varias semanas. Para mantenerlo ocupado mientras se recuperaba, su padre le regaló una brújula. El instrumento de orientación captó su atención como no lo había conseguido el instrumento musical. Albert estaba fascinado por el modo en que la aguja de la brújula siempre apuntaba al norte, aunque él la dirigiera a otro lugar. Su padre le explicó que era por una fuerza invisible llamada magnetismo.

A Albert le fascinó enterarse de que había en el mundo una fuerza invisible cuya influencia podía observarse y medirse. «Esta experiencia me causó una impresión profunda y duradera», diría más tarde. «Tenía que haber tras las cosas algo oculto profundamente». Albert dedicó el resto de su vida a estudiar estas fuerzas misteriosas.

Por fin Albert había encontrado un tema que le interesaba. Ahora solo necesitaba un lenguaje que lo ayudara a comprender las propiedades científicas y a comunicar sus ideas a los demás. Halló ese lenguaje en las matemáticas.

Mientras hacía una visita a casa de los Einstein, su tío Jakob se dio cuenta de que a Albert le gustaba resolver problemas matemáticos en sus ratos libres. Aunque Albert aún era pequeño para algo tan avanzado, Jakob lo introdujo en una rama de las matemáticas llamada álgebra. Trabajaban juntos en complejos problemas de álgebra como si se tratara de un juego. Cuando Albert resolvía un problema antes que su tío Jakob —algo que hacía a menudo—, soltaba un grito de victoria.

¡Yujuuu!

Otro asiduo de la casa también se dio cuenta de cuánto le gustaban a Albert los números. Max Talmey, un joven estudiante de Medicina, cenaba con la familia Einstein todos los jueves. En una de sus visitas, Max le dio a Albert un libro de geometría. El niño no tardó mucho en abrirse paso entre sus páginas y en resolver todos los problemas.

Albert había descubierto así una nueva afición: el mundo de las formas y los ángulos. Cada jueves, cuando Max iba a su casa, Albert le mostraba el trabajo hecho. Después de la geometría, pasó a algo más grande y mejor (y más complejo): el cálculo.

Aunque Max era diez años mayor que Albert, pronto vio cómo lo superaba su alumno de diez años. «Su genio matemático volaba tan alto que ya no era capaz de seguirlo», confesó Max más tarde. Empezó a prestarle libros de otras materias, como física y filosofía, para mantener ocupada la mente del niño, que crecía a toda velocidad.

Cuanto más aprendía, más quería aprender. Incluso volvió a la música. Ahora que entendía la relación entre las matemáticas y la música, las notas y las escalas no le parecían ya tan aburridas. Empezó de nuevo con las clases de violín (aunque con otro profesor).

En 1893, cuando Albert tenía catorce años, su padre y su tío decidieron trasladar su negocio de equipamiento eléctrico a Italia, buscando mayor estabilidad. Sus padres dejaron a Albert en Múnich para que acabara sus estudios.

Pero, después de pasar seis meses sentado en aulas sofocantes, escuchando a instructores hablar monótonamente sobre temas que no le interesaban, Albert se sentía inquieto. Echaba de menos a su familia y quería vivir en Italia, donde todo el año hacía buen tiempo. Así que ideó un plan para irse de Alemania para siempre.

Albert convenció a un médico para que escribiera una nota declarando que tenía que trasladarse por motivos de salud. Luego convenció a su profesor de matemáticas de que le permitiera abandonar el colegio porque ya había aprendido todo lo posible. Para ser sinceros, sus profesores estaban hartos de lidiar con él y se alegraron de verlo partir. Y Albert estaba encantado de marcharse.

Pronto, Albert se reunió con su familia en Italia. Aunque tardó un poco, terminó la secundaria y fue a la universidad en Suiza. Allí, por fin, tuvo libertad para dejar vagar su mente e indagar en sus temas favoritos. De este modo hizo varios descubrimientos importantes que un día le valdrían el Premio Nobel de Física, entre otros muchos honores.

El que fuera un mal estudiante acabó convirtiéndose en maestro, y pasó muchos años trabajando como profesor en los Estados Unidos, en la Universidad de Princeton. Pero no había muros que contuvieran a Albert Einstein: para él el mundo entero era su aula. «La sabiduría no es producto de la educación, sino del intento de toda la vida de adquirirla», dijo.

GRACIAS POR LA BRÚJULA, PAPÁ.

Rosalind Franklin

Una mente curiosa

La investigación de Rosalind Franklin ayudó a desentrañar el secreto de la vida en la Tierra: la estructura del ADN. Pero por ser mujer nunca se dio a sus descubrimientos el crédito que merecían. Solo en los últimos años la gente ha empezado a reconocer los logros de esta orgullosa *girl geek*, cuya brillantez era evidente desde su infancia.

Algunas personas nacen para desafiar a la autoridad. Ya desde niña, Rosalind Franklin hacía preguntas difíciles. Cuando su madre empezó a hablarle de la religión, Rosalind le insistió en que le probara que Dios era real. «¡Por supuesto que es real!», replicó su madre, que hacía lo posible para darle a su hija las respuestas que buscaba. Pero Rosalind se mantuvo escéptica.

«Bueno, en cualquier caso», preguntó Rosalind, «¿cómo sabes que es masculino, no femenino?».

Es probable que a Muriel Franklin no le sorprendieran las preguntas de su hija. Rosalind procedía de una larga estirpe de rebeldes. A principios del siglo XX, su tía Alice había estado al frente del movimiento de las sufragistas británicas. Su tío Hugh tuvo una pelea con Winston Churchill, el futuro primer ministro británico, porque Churchill pensaba que no se debería permitir votar a las mujeres.

La tía Mamie, que vivía en Jerusalén, era famosa por conducir su propio coche por la ciudad a todas horas, algo que ninguna mujer hacía en su época.

De hecho, fue la tía Mamie la primera que se dio cuenta de la extraordinaria capacidad que su sobrina favorita tenía con los números. «Rosalind es alarmantemente inteligente. Se pasa el tiempo dedicada a la aritmética por puro gusto y siempre le salen bien las sumas», escribió en una ocasión.

Pero era de su padre de quien Rosalind había heredado el amor por las matemáticas y la ciencia. De joven, Ellis Franklin deseaba ser físico. Sin embargo, después de servir en el Ejército británico durante la Primera Guerra Mundial y casarse, aceptó un empleo muy bien remunerado en el banco de su padre. Por la noche, daba clases de ciencias en un colegio para gente que no se podía pagar una educación universitaria.

Rosalind era una auténtica manitas, y prefería hacer cosas reales que jugar a juegos infantiles (aunque tenía dos amigos imaginarios, Tinker y Duster). Sus aficiones eran la costura, la carpintería y la fotografía. Su madre la secundaba en muchos de estos intereses. Pasaban horas en el cuarto oscuro, revelando fotos a mano. Era un proceso largo y tedioso, pero era eso precisamente lo que satisfacía a Rosalind.

«Hace que me sienta como gelatinosa por dentro», decía Rosalind a medida que una imagen se iba definiendo en el papel.

También atraían a su mente lógica los rompecabezas y los crucigramas. Le encantaba desafiar a su padre en juegos de palabras y se enorgullecía de vencer a su hermano mayor, David. Era la chica más mayor de la familia y estaba deseosa de probar que podía estar a la misma altura que sus tres hermanos.

En una ocasión, David quiso presumir de su destreza con los idiomas extranjeros escribiendo a su hermana una carta en francés. Rosalind se puso verde de envidia. Inmediatamente le tradujeron la carta al inglés para que pudiera entender lo que ponía.

Todo lo que tenía de fuerza mental le faltaba a Rosalind de fuerza física. Enfermaba a menudo y en una ocasión cogió una infección grave que hizo que sus padres temieran por su vida. Obligaron a su hija a quedarse en cama hasta que se recuperara del todo. Rosalind estaba ofendida porque sus hermanos nunca tenían que someterse a semejante restricción cuando enfermaban.

No sería la última vez que Rosalind sintiera que la trataban de manera injusta solo por ser chica.

Para que mejorara su salud, cada vez pasaba más tiempo al aire libre. Los fines de semana iba a la casa que sus abuelos tenían en el campo, una gran finca con dos pistas de tenis, un campo de cróquet y varias hectáreas de granja con vacas, pollos y pavos.

Un día Rosalind fue a la charca a coger renacuajos. Pero volvió a casa con un tritón —un anfibio diminuto— y lo metió en un bote. «No sabemos qué darle de comer», escribió a su familia. «Monica [su prima] dice que gusanos y carne cruda, pero no come mucho».

Cuando Rosalind tenía nueve años, sus padres la enviaron al Lindores School for Young Ladies, un internado junto al mar. Los señores Franklin pensaron que la brisa marina sería buena para su salud. Tras dos años fuera de casa, Rosalind regresó a Londres y asistió al St. Paul's Girls' School, uno de los pocos colegios de la ciudad que enseñaban física y química.

En el St. Paul's, Rosalind destacó no solo en asignaturas de ciencias, sino también en latín, alemán y francés. Jugaba al *hockey*, al críquet y al tenis, y se hizo socia del club de debate. Lo único que no conseguía dominar era la música. Desafinaba tanto que el profesor de música le preguntó a su madre si tenía algún problema auditivo.

A los quince años, Rosalind ya sabía que quería dedicarse a las ciencias. Se graduó en el instituto con grandes honores y se enfocó en la universidad. Cuando superó el examen de admisión para la Universidad de Cambridge, parecía haber hallado su camino. Pero había un problema: su padre se negó a pagar su formación. Aunque él mismo había visto frustrado su sueño de convertirse en científico, Ellis Franklin no aprobaba que las mujeres fueran a la universidad.

Por suerte, Rosalind tenía poderosos aliados de su parte. Una de sus tías ricas se ofreció a pagarle los estudios, y su madre trabajó para desgastar la resistencia de su padre. Al final, el señor Franklin cedió.

Después de la universidad, Rosalind Franklin tuvo una exitosa carrera como biofísica. Sus investigaciones condujeron al descubrimiento de la estructura del ADN, la pieza clave a partir de la cual se construye la vida en la Tierra. Aunque nunca recibió en vida el reconocimiento que merecía, hoy los historiadores de la ciencia están de acuerdo en que fue inestimable su contribución a uno de los mayores logros científicos que se conocen.

CUARTA PARTE

HAZLO
TÚ
MISMO

MAQUETAS DE AVIONES,

ALETAS

* * Y UNA * *

HÉLICE

impulsada
por bichos.

ANTES DE QUE ESTOS

NIÑOS CIENTÍFICOS

SE CONVIRTIERAN EN

BRILLANTES INVENTORES,

practicaron fabricando

SUS PROPIOS

JUGUETES.

Benjamin Franklin

El padre
de la
invención

Uno de los padres fundadores de los Estados Unidos más conocidos fue también uno de sus inventores más brillantes. Ben Franklin inventó los prismáticos y el pararrayos, pero mucho antes había creado las fantásticas aletas para nadar Franklin. Nunca tuvieron gran éxito, pero con ellas probó que la mejor forma de resolver un problema viejo es dar con una solución nueva.

A Ben Franklin le encantaba el agua. Desde la ventana de su casa de Boston, Massachusetts (Estados Unidos), contemplaba los miles de barcos de altos mástiles que pasaban por el puerto y soñaba con trabajar un día de marinero.

Pero el padre de Ben, Josiah Franklin, tenía otros planes para él. Quería que Ben fuera ministro. Y, además, los Franklin ya habían perdido a dos hijos en el agua: Josiah júnior se perdió en el mar y Ebenezer se ahogó en una bañera.

El señor Franklin, que fabricaba velas, tenía mucho trabajo con el que borrar de la cabeza de su hijo sus sueños de ser marinero. Cuando no estaba en el colegio, Ben tenía que ayudar a su padre a hacer jabón y velas. Su tarea era espumar las cubas de grasa animal hirviendo, un trabajo inmundo y apestoso que hacía que la ropa de Ben apestara.

UN BAÑO EN EL RÍO CHARLES ME PARECE UNA IDEA GENIAL EN ESTE INSTANTE...

Pero Ben era creativo y encontraba pequeñas formas de rebelarse contra los deseos de su padre. Un día, convenció a algunos amigos para construir un improvisado embarcadero usando piedras que habían robado de una construcción cercana. A la mañana siguiente, los obreros llegaron y se dieron cuenta de que les habían birlado las piedras. Más tarde Ben y sus amigos fueron castigados por robar.

Si no podía navegar por el mar, Ben decidió que al menos podía aprender a nadar. Descubrió un libro titulado *El arte de nadar*. Contenía instrucciones sobre varias técnicas y explicaba, además, lo importante que era saber nadar. «Un buen nadador puede no solo salvar su propia vida, sino también la de otras personas», decía el texto. El autor continuaba explicando situaciones en las que podía ser útil ser buen nadador.

- Cuando te persigue un enemigo y te encuentras un río en tu camino.
- Si un navío se hunde en el mar a causa de una tormenta o si ha perdido sus anclajes.
- En caso de naufragio.

Ben estudió el libro y practicó todos los ejercicios en el río Charles. Pronto se convirtió en un nadador experto y empezó a enseñar a sus amigos sus mejores movimientos.

Aunque dominaba todas las brazadas básicas, Ben no estaba satisfecho. Quería nadar más rápido. Para hacerlo, razonó, debía reproducir la potencia de la brazada que tenían animales como los pingüinos, focas, leones marinos, tortugas y nutrias marinas. Pero ¿cómo?

Con los materiales que encontró, fabricó un par de aletas artificiales. Les dio la forma de paletas de pintor, y tenían un agujero por el que pasar el pulgar para poder sujetarlas. Cuando terminó su prototipo, Ben las probó. Empujando el borde de las aletas hacia delante y luego empujando la superficie plana hacia atrás, nadaba mucho más deprisa.

Igual que haría cualquier científico, Ben revisó su experimento para ver qué había funcionado y qué era necesario mejorar. Declaró un éxito el gran ensayo de las aletas para nadar, pero con algunas reservas. Por un motivo: bracear de este modo rápidamente era agotador para las muñecas.

De este modo, Ben buscó una forma menos fatigosa de avanzar por el agua. La siguiente vez que fue a nadar, llevó consigo una cometa. Ató el cordel a una estaca, de modo que la cometa pudiera flotar a buena altura en el aire. Entonces se tumbó de espaldas en el agua y dejó que la cometa lo arrastrara.

AHH, QUÉ FORMA TAN AGRADABLE DE VIAJAR.

Para ir más despacio, Ben solo tenía que incorporarse y ajustar la elevación de la cometa. Cuando llegó a la otra orilla, allí lo esperaba su ropa. Había tenido la previsión de pedirle a otro chico que se la llevara allí.

Las proezas acuáticas de Ben se extendieron más allá de las fronteras del territorio actual de los Estados Unidos. De joven, pasó dos años trabajando como impresor en Londres (Inglaterra). Un día, unos amigos lo retaron a atravesar a nado un tramo del río Támesis, desde Chelsea a Blackfriars. Ben no se lo pensó dos veces: se quitó la ropa, saltó al agua y nadó 5,6 km, haciendo bromitas por el camino, para sorpresa de quienes miraban.

Ben regresó a las colonias de América en 1726, con veinte años, y se instaló en Filadelfia. En su nueva ciudad, propuso que todos los colegios de la Commonwealth de Pensilvania tuvieran un programa de natación. Más tarde, cuando ya era famoso por sus experimentos eléctricos y otros inventos, Ben escribió una carta a un amigo alabando las virtudes de la natación.

«Aprende a nadar bien», le aconsejaba, «como me gustaría que les enseñaran a hacer a todos los hombres en su juventud; en muchas ocasiones podrían salvar vidas gracias a esa habilidad, por no hablar de lo mucho que se disfruta con este ejercicio maravilloso y completo».

Por sus esfuerzos para promocionar la natación y la seguridad en el agua, Benjamin Franklin fue incorporado al Salón Internacional de la Fama de la Natación y al Salón de la Fama de la Natación de Pensilvania en 1968. Estas son tan solo dos de las catorce instituciones similares que han honrado a este gran hombre de Estado, científico e inventor.

APARTE DE LA CONSTITUCIÓN Y DEL PARARRAYOS, CREO QUE ESTE ES MI MEJOR INVENTO.

BENJAMIN FRANKLIN

—Fantásticas ALETAS FRANKLIN—

Ada Lovelace

Científica
poética

La primera programadora informática
del mundo era hija de una genio de
las matemáticas muy severa y de un poeta
extravagante. Inspirándose tanto en la gran
imaginación de su padre como en la mente
lógica de su madre, Ada Lovelace fue capaz
de soñar con cosas que no existían... y de
hacerlas realidad.

Augusta Ada Byron, futura condesa de Lovelace, nació en una familia adinerada y distinguida. Su padre fue Lord Byron, uno de los poetas ingleses más importantes del Romanticismo y un famoso *playboy*. Decían que era tan atractivo que todas las mujeres que lo veían se enamoraban de él al instante; y lo cierto es que muchas lo hicieron. Se convirtió en leyenda como un hombre «loco, malo y al que era peligroso conocer».

La madre de Ada, Annabella Milbanke, conocida como Lady Byron, era una mujer remilgada y reservada que prefería enfrentarse a rompecabezas matemáticos que a desventuras amorosas. Lord Byron la apodó «la Princesa de los Paralelogramos» por su increíble capacidad para la geometría.

Los padres de Ada se separaron cuando ella era un bebé. Lady Byron estaba harta de los escándalos de su marido y quería que su hija creciera en un hogar más

estable. Se llevó a Ada a vivir con ella a casa de sus
padres, en Leicestershire. Lord Byron se marchó a
viajar por la Europa continental, luchó en la guerra
civil griega y escribió poemas épicos sobre amor
y piratería.

A partir de entonces, los padres de Ada solo se
comunicaron por carta:

A Lady Byron le aterrorizaba que al crecer Ada
fuera tan «loca y mala» como su padre, de modo que se
volcó en criarla para que siguiera su ejemplo y no el de
Lord Byron. «Espero que los dioses le hayan hecho ser
cualquier cosa excepto poética», dijo Lady Byron en
una ocasión. «Es suficiente con un loco en la familia».

Por consiguiente, Lady Byron le enseñó a Ada
matemáticas y ciencias, pero le prohibió que leyera
poesía, convencida de que era malo para el carácter. Ada
también recibió clases de historia, geografía, costura
y taquigrafía.

Lady Byron era una maestra severa. Cuando Ada hacía algo bien, su madre le entregaba un tique de papel. Cuando hacía algo mal —como soñar despierta o portarse mal—, le quitaba un tique. Si no conseguía satisfacer las expectativas de su madre, esta la encerraba dentro de un armario.

Lady Byron a menudo dejaba sola a Ada durante meses, cuando ella viajaba al continente europeo en busca de curas para sus diversas dolencias. Cuando ella no estaba, una serie de tutores e institutrices se ocupaban de la educación de Ada. La niña tenía pocos amigos y pasaba gran parte del tiempo tumbada en la cama leyendo o jugando con su gata, Madame Puff.

A pesar de todos los esfuerzos de su madre, Ada nunca perdió el espíritu poético que había heredado de su padre. A los cinco años, este le envió un rizo de pelo para que lo llevara siempre encima. A cambio, Ada le envió un retrato de ella, que Lord Byron conservó hasta su muerte, cuatro años más tarde.

A medida que crecía, Ada pensaba en cómo podría fusionar la ardiente imaginación de su padre con el conocimiento matemático que le había transmitido su madre. Incluso creó un término, «ciencia poética», para describir eso a lo que aspiraba. Ada buscaba cada vez más formas lúdicas de usar la ciencia para resolver problemas.

Un día, cuando Ada tenía doce años, pilló a Madame Puff dentro de la chimenea saboreando un pájaro muerto que había atrapado.

DÁMELO, MADAME PUFF.

A Ada le daba asco, pero también le atraía la forma inusual del esqueleto del pájaro. La fascinaba ver cómo funcionaban sus alas y la manera en que su estructura física única le permitía navegar por los cielos.

Sin embargo, a Ada no solo le impresionó el haber descubierto cómo vuelan los pájaros: acababa de decidir que ella misma iba a construir una máquina voladora.

Pasó más de un año dedicando todo su tiempo libre a estudiar la anatomía de los pájaros que Puff traía del jardín.

Cuando dominó la ciencia del vuelo, Ada empezó a reunir materiales que pensaba que podían servirle como alas: plumas, papel, seda. «Mañana empiezo a construir mis alas de papel», le escribió a su madre, que estaba de viaje. Y firmó la carta: «Con mucho cariño, tu paloma mensajera».

Como todo buen científico, Ada necesitaba llevar un registro de sus hallazgos. Creó un libro, que tituló *Flyology*, y lo decoró con dibujos de todos sus experimentos. En la última página, incluyó su diseño de un caballo volador mecánico impulsado por vapor.

¡ANTE USTEDES, EL PEGASO MODERNO!

«Es probable que este último esquema plantee infinitamente más dificultades y obstáculos en el camino que mi esquema para volar», admitía Ada en otra carta a su madre, «pero aún me atrevo a pensar que es posible».

Lady Byron no aprobaba los delirios fantasiosos de su hija. Cuando regresó a su casa, la regañó por descuidar sus estudios y le ordenó que abandonara los experimentos. Poco tiempo después, Ada contrajo un sarampión muy grave que la obligó a pasar tres años en cama. El caballo impulsado por vapor nunca se construyó.

Aunque la enfermedad la obligó a dejar sus planes en espera, Ada nunca perdió su pasión por la ciencia poética. Cuando tenía diecisiete años, asistió a una fiesta en casa de Charles Babbage, un famoso matemático e inventor. Después de aquella velada de baile y juegos, Babbage se llevó a Ada aparte y le mostró su último invento. La máquina diferencial era una calculadora mecánica de dos toneladas que se

¿QUÉ TE PARECE?

¡QUE ES ENORME!

manejaba a mano y era capaz de resolver problemas matemáticos complejos.

Se trataba de una de las primeras computadoras de la historia. Con su mente matemática y su imaginación romántica, Ada se enamoró de ella inmediatamente. Escribió a Babbage pidiéndole los planos de la máquina diferencial para poder entender mejor cómo funcionaba. Empezaron a cartearse. Babbage se quedó tan impresionado con las mejoras que le sugería Ada que la apodó la Encantadora de Números.

Ada llegó a la conclusión de que el aparato de Babbage, ya evolucionado en máquina analítica, podía «funcionar con más cosas aparte de números», como música, sonidos, texto e imágenes. Y así era: Ada había concebido el futuro en el que los ordenadores modernos nos ayudan a hacer de todo, desde componer canciones a crear dibujos animados. Como dijo uno de sus biógrafos, «veía poesía en semejante idea y se propuso animar a los demás a que la vieran también».

Por estos avances, y también por su esfuerzo por escribir instrucciones codificadas que pudiera ejecutar una máquina, hay quienes consideran a Ada Lovelace la madre de la programación informática. Muchos años después de su muerte, el Departamento de Defensa de los Estados Unidos reconoció sus logros bautizando un lenguaje de programación con su nombre.

El Día de Ada Lovelace, que se celebra el segundo martes de octubre, se rinde homenaje a las contribuciones de las mujeres a la ciencia, la tecnología, la ingeniería y las matemáticas. Nada de esto hubiera sido posible sin Ada Lovelace, la científica poética y encantadora de números.

Nikola Tesla

De tal palo,
tal astilla

El «científico loco» al que el mundo le debe
la luz de neón y la corriente alterna nació en
medio de una tormenta eléctrica. Inspirado por
el ejemplo de su madre, Nikola Tesla utilizó su
genio científico —y su capacidad para resolver
problemas— para ganarse un lugar en los libros
de historia como uno de los inventores más
creativos.

En una lluviosa noche del verano de 1856, en el pueblecito de Smiljan, en la actual Croacia, Djuka Tesla dio a luz a su segundo hijo varón, el cuarto de sus cinco hijos. Nikola Tesla respiró por primera vez justo cuando caía un rayo.

«Este niño es hijo de la tormenta», señaló la enfermera que ayudó en el parto. «No», replicó Djuka.

Nikki, como lo llamaban en casa, nació en una familia brillante y distinguida. Su padre, Milutin, era un sacerdote ortodoxo que se sabía la Biblia completa de memoria. Su hermano mayor, Dane, era considerado un niño prodigio y se esperaba que un día diera fama y honor a la familia Tesla.

Pero la persona a la que más se parecía Nikki era a su madre, que hablaba cuatro idiomas a pesar de no haber aprendido nunca a leer ni escribir. El padre y el abuelo de Djuka eran inventores y ella siguió su ejemplo. Usaba su ingenio para crear pequeñas máquinas y artilugios prácticos que la ayudaran en su trabajo en la casa y en el cuidado de su familia.

Cuando los niños se quejaron del esfuerzo que suponía subir a sus altas camas con dosel, diseñó unas camas sin patas a las que era mucho más fácil acceder. Cuando lamentaron su falta de intimidad, creó un biombo con bisagras que aislaba unas camas de otras.

Harta de hacer los huevos revueltos a mano, Djuka creó también un batidor mecánico con un par de tenedores de madera unidos con una cuerda. Pero el aparato hacía que le dolieran las muñecas de batir continuamente. Si pudiera encontrar un modo de que se moviera solo, se lamentaba, eso sí que sería un avance.

El pequeño Nikki observaba todos estos procesos, preguntándose si habría un modo de mejorar los inventos de su madre. «¡Un día», pensó él, «se me ocurrirá un modo de impulsar ese batidor de huevos!».

Cuando Nikki tenía cinco años, Dane murió montando a caballo. Ahora era Nikki el chico más mayor de los Tesla y se esperaba de él que siguiera los pasos de su hermano. A raíz de la tragedia, Nikki juró que sería tan bueno e inteligente como había sido Dane, y honraría el nombre de la familia. Pero ¿cómo?

Cuanto más pensaba en ello, más convencido estaba Nikki de que en su caso el camino hacia la fama y la fortuna pasaba por inventar cosas. Empezó por algo pequeño. Talló espadas a partir de restos de muebles de madera. Cuando una quedó a su gusto, se fue a un maizal cercano y se pasó horas «masacrando a mis enemigos en forma de plantas de maíz». Solo hubo un problema: arruinó la cosecha de maíz del año y se ganó una buena bronca de su madre.

Después Nikki se centró en un invento más práctico. Un día, cuando jugaba en la calle con unos amigos, apareció un chico con un anzuelo y un equipo de pesca. Nikki se emocionó con la idea de usarlo para capturar ranas. Pero entonces se peleó con el dueño del equipo y este lo expulsó de la expedición de pesca. Los demás chicos se marcharon al arroyo sin él.

Cuando se encontró solo, Nikki decidió fabricar su propio anzuelo. Encontró un trozo de alambre, golpeó el extremo con dos piedras hasta conseguir una punta afilada y lo ató a una cuerda robusta. Luego cortó una vara, reunió algunos cebos y se dirigió al río. Y allí se encontró una rana plácidamente sentada en un tocón.

Nikki colgó el anzuelo delante de la rana. Los curiosos ojos del animal se abrieron expectantes.

Hinchándose hasta duplicar su tamaño normal, la rana se movió veloz hacia el cebo. En cuanto picó, Nikki recogió la cuerda.

Fue la primera de las muchas ranas que atrapó aquel día. Dejó asombrados a sus amigos, que habían vuelto de su expedición con las manos vacías.

Nikki mantuvo su invento en secreto cierto tiempo. Pero, cuando se le pasó el enfado, les dejó que usaran su caña también. «El siguiente verano fue desastroso para las ranas», escribiría más tarde.

Nikki se había ganado el respeto de sus amigos y parecía bien encaminado para establecerse como el inventor oficial de su pueblo. Sin embargo, un desafortunado accidente estuvo a punto de volver a la gente de Smiljan en su contra.

Nikki había empezado a trabajar como campanero en la iglesia. Un domingo, cuando la misa había terminado, bajó corriendo del campanario y accidentalmente tropezó con el faldón del vestido de la dama más rica del lugar.

«Al rasgarse, sonó como una salva de mosquetería», recordaría Nikki más adelante. Tras recoger la cola de su vestido, la mujer, furiosa, reclamó que castigaran al niño. El padre de Nikki se mostró reacio a hacerlo, pero la gente del pueblo ya lo había tildado de imprudente e irresponsable. Nikki tendría que hacer algo heroico para ganarse su favor de nuevo.

No tardó en surgir la oportunidad. Los ciudadanos de Smiljan habían reunido dinero para comprar un camión de bomberos nuevo y se congregaron para su inauguración. Una vez acabada la ceremonia, los líderes de la ciudad ordenaron que se bombeara agua por la gran manguera. La multitud contuvo el aire expectante…, pero no salió ni una gota por la boquilla.

Un grupo de profesores se adelantó, pero no lograron determinar cuál era el problema.

Como no tenía nada que perder, Nikki se abrió paso entre la gente. «¡Yo puedo arreglarlo!», declaró, y procedió a tantear en busca del punto donde la manguera de succión se había plegado, cortando el suministro de agua.

En unos segundos, Nikki la desplegó y el agua avanzó como un torrente, empapando a algunos asistentes. Aun así, nadie protestó. Estaban tan contentos de que el camión de bomberos funcionara que cogieron a Nikki en hombros y lo pasearon por la plaza del pueblo.

La mente espabilada de Nikki le había hecho ganarse el respeto de sus vecinos, pero aún tenía un asunto pendiente del que ocuparse. Estaba decidido a encontrar un modo de impulsar el batidor de huevos de su madre.

Sin embargo, cuanto más pensaba en ello, más imposible le parecía. Hasta que un día estaba jugando con su perro junto al arroyo y se le ocurrió una idea. ¿Podría quizá aprovechar la fuerza del agua corriente y usarla para hacer girar los engranajes del batidor de huevos?

Nikki pasó varios años perfeccionando lo que llamó su «rueda de agua», un primitivo ejemplo de lo que más tarde se conocería como turbina Tesla. El aparato generaba energía, pero Nikki sabía que podía hacer algo mejor. Una vez más, encontró la inspiración en la naturaleza.

Después de observar a unos escarabajos volando por su jardín un día de verano, Nikki empezó a reflexionar sobre su capacidad para permanecer volando mucho tiempo. Capturó cuatro ejemplares con una red y pegó uno en cada hoja de una hélice casera. Cuando los escarabajos movían las alas, hacían girar la hélice. Para sorpresa de Nikki, dieron vueltas durante horas y parecían no cansarse nunca.

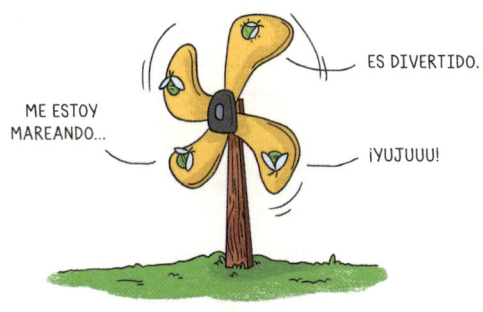

ES DIVERTIDO.

ME ESTOY MAREANDO...

¡YUJUUU!

Justo cuando Nikki estaba a punto de declarar que su experimento había sido un éxito, apareció uno de sus vecinos. Al chico le gustaban los insectos y carecía totalmente de modales, así que uno por uno cogió los bichitos de la hélice y se los echó a la boca.

UMM. SABOR ÁCIDO, CON UN TOQUE AHUMADO. ¡DELICIOSOS!

Nikki se moría de asco. «Aquella repugnante visión acabó con mis ensayos en este prometedor campo», recordaría más tarde. Nunca más tocó un escarabajo, «ni ningún otro insecto, en realidad».

A los catorce años, Nikki se fue de casa para asistir al instituto en la lejana ciudad de Karlovac. Estaba decidido a ser ingeniero, aunque su padre se oponía totalmente. «¡Nos sobra con una inventora en esta familia!», declaró, exhortando a Nikki a que estudiara para ser sacerdote.

Cuando terminó el instituto, Nikki regresó a casa confiando en poder hacer cambiar de idea a su padre. Pero poco después de volver contrajo el cólera, pasó nueve meses en cama y estuvo a punto de morir. El señor Tesla estaba tan afligido que prometió que si se recuperaba lo enviaría a la mejor escuela de ingeniería.

Puede que a Milutin Tesla no le entusiasmara la carrera elegida por su hijo, pero era un hombre de palabra. En cuanto Nikki se recuperó, le permitió asistir a la universidad con una beca para ingeniería. Aunque Nikola Tesla nunca terminó su educación formal, su inventiva resultó incontenible. Entre los muchos descubrimientos que aportó al mundo se encuentran la radiografía, la corriente alterna, las ondas de radio, las luces de neón, la detección por radar, el control remoto y la turbina sin paletas.

Stephen Hawking

El niño constructor

Hasta los mayores genios empiezan con cosas simples. Stephen Hawking empezó construyendo aviones de madera de balsa en casa de su amigo y acabó haciendo un mapa del universo con un superordenador. Su fascinación por el modo en que funcionan las cosas lo ayudó a convertirse en uno de los físicos teóricos más brillantes del mundo.

«**No soy más que un niño** que nunca se ha hecho mayor», escribió una vez Stephen Hawking. «Sigo preguntando por el cómo y el porqué. De vez en cuando encuentro una respuesta».

La búsqueda de respuestas de Stephen comenzó en el pueblo inglés de Highgate, a las afueras de Londres. Nación en plena Segunda Guerra Mundial, y la capital británica era bombardeada prácticamente a diario por aviones alemanes —una campaña de destrucción conocida como Blitz—.

Un día cayó un misil alemán a unas pocas casas de distancia de donde vivía Stephen. No estaba en casa entonces, pero luego fue a comprobar los daños y a jugar entre los escombros con sus amigos.

En Highgate vivían muchos científicos prominentes, como el propio padre de Stephen. Era un investigador médico especializado en el estudio de enfermedades tropicales. Su madre fue una de las primeras mujeres que se licenciaron en la Universidad de Oxford. Ambos le daban una gran importancia a la educación. Pero parecía que el pequeño Stephen no (al menos de momento).

Sus padres lo llevaron a la escuela con dos años y medio. El primer día, se puso en pie en mitad de la clase y empezó a llorar. Y no paró hasta que llegaron sus padres para llevárselo a casa.

¡MENUDOS PULMONES TIENE ESE NIÑO!

¡BUAAAA!

Después de aquello, Stephen estuvo un año y medio sin volver por allí. Cuando por fin regresó, no mostró mucho interés por el trabajo escolar. De hecho, le disgustaba tanto que no aprendió a leer hasta los ocho años.

Puede que Stephen no fuera un gran fan del colegio, pero siempre disfrutaba aprendiendo cosas por su

cuenta. De niño, sentía pasión por los trenes de juguete.
Su padre le construyó un tren de madera. Sin embargo,
Stephen no quedó muy contento: él quería uno que se
moviera solo.

TENGO QUE ESTUDIAR CÓMO
FUNCIONAN LOS TRENES...

Por ello, su padre lo intentó de nuevo. Le regaló a su
hijo un tren mecánico de segunda mano, que él mismo
había reparado. Se le daba cuerda para que avanzara,
pero no funcionaba muy bien.

Y lo intentó una tercera vez. Una vez acabada la
guerra, el señor Hawking viajó a los Estados Unidos
por trabajo. Regresó con un reluciente tren mecánico
nuevo, acompañado de una vía en forma de ocho. Pero
Stephen soñaba con un tren eléctrico…

Stephen ahorró durante años hasta reunir el
suficiente dinero. Aprovechó una ausencia de sus padres
para sacar todos sus ahorros del banco. Todo el dinero

que le habían dado por sus cumpleaños y en ocasiones
especiales apenas alcanzaba para pagar lo que valía
un tren eléctrico nuevo. Pero tenía lo justo.

Solo había un problemilla: ¡no funcionaba! Incluso
después de reunir más dinero aún para que repararan el
motor, el tren nunca corrió bien del todo. Pero Stephen
había aprendido una lección muy valiosa: si quieres que
algo funcione bien, tienes que construirlo tú mismo.

Cuando tenía nueve años, su familia se mudó a una
ciudad al norte de Londres llamada St. Albans, donde
su padre había encontrado un trabajo. Stephen estaba
emocionado por cambiar de casa… hasta que le echó un
vistazo al lugar.

La casa había sido una lujosa mansión, pero hoy era
una ruina, con el papel de las paredes que se
despegaba, agujeros por todas partes y ventanas rotas.

Puesto que a su padre no le pagaban mucho en su nuevo empleo, no había modo de afrontar las reparaciones necesarias. Cuando un mueble se rompía, simplemente dejaban que se desmoronase. No había calefacción central, así que tenían que ir siempre muy bien abrigados en casa.

Como el señor Hawking no podía permitirse un coche nuevo, compró un taxi de segunda mano y le pidió a Stephen que lo ayudara a construir un garaje temporal prefabricado de acero. Cuando los vecinos vieron lo que conducían y cómo vivían, se quedaron pasmados. Pronto empezó a conocérseles como los excéntricos de la ciudad.

Los compañeros de clase de Stephen no sabían muy bien qué pensar de él. Pequeño y patoso, Stephen se vestía muy mal y se le daban mal los deportes. Hablaba muy rápido, de una forma confusa que sus compañeros apodaron «hawkingués». Tenía una extraña forma de hipar cuando se reía (casi parecía que se fuera a ahogar).

En clase, Stephen distaba mucho de ser el alumno brillante que llegaría a ser un día. «Mi caligrafía era mala y era perezoso», admitiría más tarde. Al final del curso, acabó el tercero de la clase empezando por abajo. Uno de sus compañeros incluso se apostó una bolsa de caramelos a que Stephen no llegaría lejos.

Harto de que no lo valoraran, Stephen se esforzó mucho para mejorar su reputación. Empezó a juntarse con otros «chicos raros» que compartían su pasión por construir cosas. Se hizo amigo de un muchacho llamado John McClenahan, cuyo padre tenía un taller en casa. Él y Stephen pasaban horas construyendo maquetas de aviones con madera de balsa.

Cansado de jugar a juegos infantiles simplones como la oca, Stephen se juntó con otro de sus amigos, Roger Ferneyhough, para crear su propio juego. Stephen inventó las reglas y Roger diseñó el tablero y las fichas. Su obra maestra fue un elaborado juego bélico medieval que tenía leyes, tratados, presupuestos y ejércitos.

Para Stephen, construir cosas era como crear su propio universo, un universo que solo él controlaba. Se hizo un experto en desmontar aparatos, como relojes y radios, aunque no se le daba tan bien recomponerlos. Una vez trató de transformar un televisor viejo en un amplificador, pero, cuando lo enchufó, recibió una descarga de 500 voltios.

Sin embargo, fueron contados los experimentos fallidos. En poco tiempo, los mismos niños que miraban a Stephen por encima del hombro empezaron a respetarlo. Incluso empezaron a llamarlo Einstein.

LA TELEVISIÓN ES PERJUDICIAL.

Por esa misma época, Stephen empezó a acompañar a su padre a su trabajo en el Instituto Nacional de Investigación Médica. En su laboratorio, el señor Hawking estudiaba las enfermedades tropicales. Visitaron juntos el insectario, que estaba lleno de mosquitos portadores de malaria, una enfermedad mortífera.

A Stephen le fascinaba cada vez más el mundo científico. Pero, mientras que su padre esperaba que estudiase Medicina o Biología, Stephen pensaba seguir

otro camino. Como escribiría más tarde: «Los chicos más brillantes hacían Matemáticas y Física».

En St. Albans es donde Stephen conoció las matemáticas, a las que su profesor Dikran Tahta llamaba «el modelo del universo». Esa idea atrajo a Stephen, que siempre se había interesado por cómo estaban hechas y diseñadas las cosas.

A diferencia de las clases de la mayoría de sus profesores, las de matemáticas eran animadas y fascinantes. Más tarde Stephen diría que se hizo profesor de matemáticas gracias al entusiasmo que le transmitió el señor Tahta. «Detrás de toda persona excepcional hay un profesor excepcional», escribió.

El señor Tahta fue también el motor principal del proyecto más ambicioso de Stephen hasta la fecha. Cuando tenía dieciséis años, poco antes de marcharse a la Universidad de Oxford, él y sus amigos decidieron construir su propio ordenador. Planearon reutilizar piezas de reloj, una vieja centralita telefónica y otras cosas varias.

Tardaron un mes en conseguir que la máquina chirriante funcionara, pero, soldando un poco más aquí y allá, y con mucha inteligencia combinada, la pusieron en marcha. La llamaron Logical Uniselector Computing Engine (LUCE para abreviar).

Por último, los chavales fueron capaces de programar su ordenador para resolver problemas matemáticos simples. Su proeza les valió un artículo en el periódico local. Esta fue la primera de las muchas hazañas científicas por las que Stephen recibiría felicitaciones.

Cuando Stephen dejó el instituto, el nuevo profesor de informática encontró una caja con piezas de metal y cables. Pensando que eran trastos, lo tiró todo a la basura. Hasta muchos años después no descubrió que aquella caja formaba parte del gran invento de la infancia de Stephen Hawking, LUCE.

A lo largo de su vida, Stephen desarrolló teorías revolucionarias sobre los agujeros negros, la naturaleza de la gravedad y el origen del universo. Y logró estos y otros muchos éxitos a pesar de sufrir una enfermedad grave llamada esclerosis lateral amiotrófica (ELA), enfermedad que le diagnosticaron a los veintiún años. Pero nada lo detuvo en su búsqueda de respuestas a preguntas enigmáticas y se convirtió en uno de los científicos más respetados del mundo.

* * *

**POR MUCHO
QUE LO INTENTAMOS,
NO PUDIMOS INCLUIR**

A TODOS LOS

niños científicos

EN UN

SOLO

LIBRO.

AQUÍ TIENES

ALGUNAS

CURIOSIDADES

SOBRE OTROS CIENTÍFICOS FAMOSOS

DE LOS QUE QUIZÁ HAYAS OÍDO HABLAR.

El interés por el espacio exterior del astrónomo **CARL SAGAN** nació leyendo las aventuras interplanetarias de John Carter de Marte, un personaje creado por Edgar Rice Burroughs.

A la paleontóloga **MARY LEAKEY** la expulsaron del colegio dos veces: una por negarse a recitar poesía y otra por provocar una explosión en el laboratorio.

A los padres de la matemática francesa **SOPHIE GERMAIN** les parecía tan horrible la fascinación de su hija por los números que se negaron a darle ropa cálida y un fuego junto al que estudiar. Todas las noches ella encendía velas y se envolvía en mantas, y hacía sus cálculos en secreto.

ALAN TURING, un genio de la computación, fue un mal estudiante que siempre se metía en líos en el colegio. Uno de sus profesores dijo que su caligrafía era la peor que había visto. Y el director escribió que era «el tipo de chico destinado a ser un problema para cualquier escuela o comunidad».

GALILEO GALILEI fue un auténtico hombre del Renacimiento. De niño, tocaba muy bien el laúd, un instrumento de cuerda popular en Italia en el siglo XVI.

||||||||||||||||||||||||||||||||||||||||||||||||||||||||||||||||||||||||||||||||||||||||||||||||||||||||||||||||||||

A los once años, el físico **RICHARD FEYNMAN** fabricó una alarma antirrobo con una batería y una campana conectadas por un cable. La colgó de la puerta de su cuarto para que sonara si sus padres intentaban entrar.

||||||||||||||||||||||||||||||||||||||||||||||||||||||||||||||||||||||||||||||||||||||||||||||||||||||||||||||||||||

ELIZABETH BLACKWELL, la primera mujer que se licenció en Medicina en los Estados Unidos, se crio en una familia de activos abolicionistas. De niña, durante la guerra de Secesión, ella y sus padres ayudaron a escapar a esclavos escondiéndolos en su casa.

||||||||||||||||||||||||||||||||||||||||||||||||||||||||||||||||||||||||||||||||||||||||||||||||||||||||||||||||||||

SOFIA KOVALÉVSKAYA, la primera mujer que fue doctora en Matemáticas, de niña empapeló las paredes de su cuarto con anotaciones de cálculo.

||||||||||||||||||||||||||||||||||||||||||||||||||||||||||||||||||||||||||||||||||||||||||||||||||||||||||||||||||||

Cuando estaba en el instituto, el físico **MICHIO KAKU** construyó su propio acelerador de partículas en el garaje de su casa.

El nombre de nacimiento de la microbióloga **BARBARA McCLINTOCK** era Eleanor. Sus padres se lo cambiaron por el de Barbara cuando era niña porque les pareció que Eleanor sonaba «demasiado femenino».

DIAN FOSSEY se hizo famosa por estudiar a los gorilas, pero su amor por los animales empezó a desarrollarlo desde pequeña, cuando tenía como mascota un pez dorado.

Al astrónomo **EDWIN HUBBLE** le regalaron su primer telescopio cuando cumplió ocho años. Estaba tan emocionado que abandonó su propia fiesta para irse a mirar las estrellas desde la ventana de su cuarto.

STEPHEN JAY GOULD decidió que sería paleontólogo cuando tenía cinco años: acababa de visitar la Sala de Dinosaurios del Museo de Historia Natural de Nueva York.

⁜⁜

A los doce años, el ingeniero eléctrico en ciernes **JOHN AMBROSE FLEMING** fabricó su propia cámara con una caja de puros y una lupa.

⁜⁜

La paleontóloga **MARY ANNING** sobrevivió al rayo que le cayó encima cuando tenía tan solo quince meses.

⁜⁜

A **FLORENCE NIGHTINGALE**, estadística y pionera de la enfermería, le encantaban los gatos y tenía muchas mascotas, incluidos un cerdo, un burro y un poni.

⁜⁜

El ornitólogo **SÁLIM ALI**, al que suelen llamar el hombre pájaro de la India, empezó de niño adoptando crías de gorrión. Si no lograba entrenar a uno para que hiciera sus necesidades, le pedía a su madre que le tejiera unos pañales.

⁜⁜

La astronauta **MAE JEMISON**, la primera mujer negra que viajó al espacio, se inspiró en el personaje de la lugarteniente Uhura, de la serie de televisión *Star Trek*.

Índice alfabético